십 대를 위한

행복 찾기

심리 실험실

행복의 비밀을 생생하게 알려 주는 흥미진진한 심리 실험들

십 대를 위한
행복 찾기
심리 실험실

양곤성 지음

팜파스

머리말

저는 천성이 불행한 사람입니다. 스트레스는 평생의 동반자죠. 덕분에 꽤 어릴 적부터 '내 인생의 목표는 행복이어야겠다.'는 생각을 해왔습니다. 행복과의 술래잡기는 제법 긴 시간 이어져 왔습니다. 좌절도 있었고 성과도 있었습니다. 오랜 시행착오 덕분에 깨닫게 된 것들이 꽤 많습니다. 그중 하나를 먼저 소개합니다.

저는 걱정이 참 많습니다. 사람을 사귈 때도, 일을 할 때도 최악의 결말을 먼저 떠올립니다.

'이번 시험 망할 것 같아.'

'내가 말을 걸면 귀찮아 할 거야.'

제 일상은 행복보다 불안이 훨씬 비근한 감정입니다. 때론 불안이 흘러넘쳐 자기비하로 번집니다.

'난 왜 이 모양일까?'

그러던 어느 날 저는 스스로를 상처 주는 일에서 벗어나기 시작했습니다. '난 괜찮아.'라고 조금씩 말할 수 있게 되었습니다. 인간은 원래 끊임없이 '미래에 대해 불평, 불안, 걱정'을 하도록 설계되었단 사실을 깨달은 덕분입니다. 우리 마음의 기본 설정값은 걱정과 불안입니다. 혹시 저와 비슷한 이유로 '난 잘못됐어.'라고 생각하고 있다면 이 말을 전해 주고 싶습니다.

> '다른 사람들이 행복해 보이는 이유는 모두 지나가는 사람이기 때문이다. 당신도 나도 무척 정상이다.'
>
> _ 기욤 뮈소(프랑스 소설가)

이 외에도 '이걸 깨달으니 마음이 편해지네.' '이렇게 행동하니 더 즐겁네.' '내 행복에 이 점이 정말 중요하구나.' '아, 이렇게 하면 행복해지는 줄 알았는데 착각이었구나.' '당장의 즐거움이 곧 행복은 아니구나.' 같이 저의 마음을 안심시켜 주고, 용기를 북돋아 준 수많은 시행착오들을 이 책에 담았습니다. 이 시행착오들을 통해 '나만 왜 이렇게 힘들까.'라는 생각이 '나도 이만하면 괜찮구나.'로 변화하길 바랍니다. 조금이라도. 그렇다면 더 바랄 것 없이 흡족할 것입니다.

> '나도 이만하면 괜찮다. 그리고 당신도 그만하면 괜찮다.'
>
> _ 에릭 번(교류분석 상담이론의 창시자)

★

나를 응원해 주는 분들께 고마움을 전합니다.

나의 건강과 행복이 인생 제일의 목표인 엄마, 아빠.

매일 전화도 씹는 동생임에도 꿋꿋이 챙기는 누나, 꼬물거렸던 애기였는데 어느새 눈높이가 같아진 귀여운 조카 수연, 은제,

언제나 존경스러운 스승님 김광수, 김경집 교수님, 아무리 바빠도 항상 웃음을 잃지 않는 하요상 선배님, 항상 도움만 받는 한선녀, 기경희 선생님.

모두가 부러워하는 행복한 학교를 만들어 주신 신우초 도미숙 교장 선생님, 이주형 교감선생님, 유인규 선배님.

원고에 대한 조언, 충고를 아끼지 않았던 김효진, 송정아 선생님.

특히 정성껏 읽어 주고 원고의 방향을 새롭게 잡아 준 정말 고마운 편집자 안미정 선생님.

하늘에서 선물한 내 반쪽 민영이.

그리고 이 책의 시작이자 끝, 나의 영원한 자랑 승찬이와 효주.

원고를 쓰는 모든 순간 너희가 있었다. 여기 쓴 한 글자, 한 글자 모두 승찬이, 효주로 인해 쓰여 졌고, 너희 앞에 펼쳐질 행복을 비는 아빠의 마음이 담겼단다. 이 잔소리가 앞으로 펼쳐질 눈부신 10대의 나날들 속에서 조금 덜 상처받고, 조금 더 미소 짓는 데 도움이 되길….

마지막으로 부족한 글을 다듬고 꾸며 주느라 땀 흘리신 팜파스 출판사 관계자 분들, 그리고 박선희 편집자께 감사 말씀드립니다.

차례

04 행복은 큰 바위가 아닌 조그맣고 무수한 조약돌이다

소소하지만 확실한 행복들을 찾아서

우리가 행복에 관해 지닌

고정관념들

행복은
'이래야만'
나에게
올 거야!

행복의 조건, 1순위는 돈일까?

'행복'하면 가장 먼저 생각나는 단어는 무엇일까요? 분명 머릿속에 '돈'이란 단어가 떠올랐을 것입니다. "10억이 생긴다면 감옥에 1년 정도 갇혀 있어도 되나요?"라는 질문에 청소년의 50%가 '네'라고 답한 설문조사가 큰 화제가 되었죠.■ 그만큼 돈과 행복은 떼려야 뗄 수 없는 관계입니다.

우리의 첫 번째 주제는 '돈과 행복의 관계'입니다.

공짜 돈만큼 사람을 기분 좋게 만드는 것이 또 있을까요? 모두 한 번쯤 생각지도 못한 돈이 갑작스레 내 주머니로 쏙 들어온 적이 있을 거예요. 작게는 동전에서 크게는 몇만 원까지. 정말 기분이 날아갈 듯 행복해지죠. 그런데 문제는 이 행복에 시간제한이 있다는 점이에요. 만약 공짜 돈이 천 원이었다면 한 시간 정도, 만 원이었다면 하루 정도 들뜬 기분이겠죠?

그렇다면 질문, 이 행복한 기분이 '평생' 유지되려면 얼마가 필요할까요?

1억? 1억이면 들뜬 기분이 몇 년이 되지 않아 사라져 버리겠지요. 10억? 10억이 생기면 정말 행복할 거예요. 하지만 평생 쓸 돈으로는 모자란 느낌이지요. 비싼 차나 아파트는 10억도 훌쩍 넘으니까요. 그럼 수십 억? 이 정도 돈이면 좋은 집, 차, 옷, 가방을 실컷 사고도 남을 거예요. 은행 이자까지 생각하면… 평생 놀고먹을 수 있을지도 모르죠. 그렇다면 정답은 수십 억이겠네요. '내 손에 쥐어진 수십 억, 이제 나는 평생 놀고먹으며 행복해질 것이다.' 모두가 한 번쯤 해본 적 있는 행복한 상상입니다.

그런데 이 상상을 의심한 심리학자가 있습니다. 그의 이름은 대니얼 길버트(Daniel Gilbert), 하버드대학교의 심리학자입니다. 그는 백만장자가 정말로 평생 행복할지 증명하고 싶었습니다.❷ 길버트는 우선 돈벼락을 맞은 사람들을 찾습니다. 무척 쉬운 일이었죠. 매주 TV에서 돈벼락을 맞는 사람을 생중계해 주니까요. 맞아요. 그건 바로 로또 당첨자입니다. 길버트는 이 사람들을 찾았습니다. 모두의 예상대로 돈벼락 수십억을 맞은 사람들의 행복도는 엄청나게 치솟았습니다. 행복검사에서 나올 수 있는 최고 수준의 행복도였지요.

그런데 길버트가 정말 궁금했던 질문은 '이 치솟은 행복이 얼마나 오래 지속될까?'였어요. 한번 예상해 봅시다. 이들은 평생 행복하게 살았을까요? 백 번 양보해서 평생은 힘들더라도 적어도 수십 년은 행복하게 살았겠지요?

그런데 결과는 우리 모두의 예상을 벗어났어요.

'6개월.'

돈벼락이 가져다주는 행복은 고작 3~6개월이었다고 해요. 이 짧은 시간 후에는 행복도가 로또 당첨 전으로 내려와 일반인들의 평균 행복도와 비슷했다고 합니다.

행복도가 다시 제자리로 돌아온 이유는 뭘까요? 이유는 거창한 심리학 지식을 동원할 필요 없이 우리의 경험으로도 추리할 수 있습니다. 이미 수없이 겪어 본 일이니까요. 다들 스마트폰을 가지고 있지요? 스마트폰이 처음 손에 들어왔을 때를 떠올려 봅시다. 신상 아이폰 혹은 갤럭시를 샀을 때 기뻐서 날아갈 것 같습니다. 그런데… 그 기쁨이 얼마나 지속되었나요? 3~6개월? 분명 이보다 더 짧았을 것입니다. 고작해야 1~2주이지 않았나요? 날아갈 것 같은 처음의 기쁨은 점점 줄어들다 한 달이 채 되기 전에 제자리로 돌아왔을 것입니다. 내 손 안의 스마트폰은 아직 쌩쌩한데, 없어진 것도 아닌데, 행복한 기분은 사라져 버립니다.

하늘에서 떨어진 돈벼락도 스마트폰과 다르지 않습니다. 다들 돈을 다 쓰기 전까진 이 행복이 계속될 거라 믿었지만 실제 로또 당첨자의 행복도는 점점 떨어졌어요. 수십억이나 되고 아직도 넘치게 남았는데도 말이죠. 아주 길게 가봤자 1년 정도였다고 합니다.

이렇게 고작 며칠, 몇 달밖에 지속되지 못하는 행복을 진짜 행복이라고 할 수 있을까요? 진정한 행복이라고 부르기엔 행복이라는 단어가 아깝다는 생각이 듭니다. 행복이란 말 대신에 기쁨이라고 부를 수 있겠지요. 결국 갑자기 생긴 돈이 줄 수 있는 것은 생각보다 짧은 기쁨이나 흥분인 것입니다.

 돈으로 산 행복은 생각보다 짧다.

부자 나라 사람들이
가난한 나라 사람들보다 행복할까?

'돈으로 행복을 살 수는 없다.'

정말 멋있는 말이죠. 그런데 뭔가 마음속에서 의심이 피어오르죠. 반론하고 싶고, 헛웃음도 나오고. 아마 이런 장면이 떠올랐기 때문일 것입니다.

맞습니다. 자본주의 사회에서 돈이 없으면 살아갈 수 없습니다. 먹을 것도, 입을 것도, 잠을 잘 집도 모두 돈이 있어야 구할 수 있습니다. 돈과 행복이 관계없다는 말. 솔직히 도덕 교과서에서 나올 뜬구름을 잡는 이야기이지요.

'당연히 부자도 불행하다. 그래도 자전거 위에서 우는 것보다 BMW 안에서 우는 것이 편하다.'

'돈으로 행복을 살 수는 없지만 행복 바로 옆에 정박할 큰 요트는 살 수 있다.'

돈과 행복의 관계를 무작정 무시하는 사람들에게 들려주고픈 말입니다. 모두 맞는 말이죠. 돈이 없어 배고픈 사람, 한겨울에 갈 곳이 없어 추위에 떠는 사람이 "난 행복해요."라고 말한다면 아무도 믿지 못할 거예요.

사회과학적으로도 돈과 행복은 밀접한 관련이 있습니다. 실제로 영국의 신 경제재단(The New Economics Foundation)에서 조사한 국가별 행복도 조사*를 살펴보면 아프가니스탄, 토고, 르완다, 시리아 등

● **The Happy Planet Index 2016, NEF** : 영국의 신 경제재단(The New Economics Foundation, NEF)은 전 세계 약 150개국을 대상으로 삶의 행복, 기대 수명, 환경오염 지표 등을 조사한 후 국가별 행복지수(Happy Planet Index, HPI)를 산출합니다. http://happyplanetindex.org/ 이 사이트에서 모든 결과를 살펴볼 수 있습니다. 국가별 행복지수(HPI)는 수명, 환경오염 지표처럼 본 글에서 말하는 행복과 거리가 있는 지표도 섞여 있기 때문에 행복지표의 구성요소 중 삶의 안녕(wellbeing) 지수를 기준으로 말씀드립니다.

이 최하위권을 차지했습니다. 모두 경제적으로 매우 궁핍한 나라들이죠. 최상위권에는 스위스, 노르웨이, 스웨덴, 네덜란드 등이 꼽혔습니다. 소위 경제 선진국으로 알려진 나라들입니다. 이 조사결과만 봐도 돈과 행복의 밀접한 관련성은 자명합니다.

'그렇다면 돈은 행복과 관련 없다는 말은 새빨간 거짓말이잖아! 거짓말쟁이!!'라는 생각이 들죠? 잠깐 진정하고 조금만 더 국가별 행복도를 살펴봅시다.

이탈리아 vs 코스타리카, 일본 vs 멕시코. 과연 어느 나라 사람들의 행복도가 더 높을까요? 힌트는 일본, 이탈리아는 멕시코, 코스타리카와 비교할 수 없을 만큼 부유한 국가라는 점입니다. 돈＝행복이니 당연히 일본, 이탈리아 국민들이 더 행복하겠지요? 그런데 놀랍게도 조사결과는 다릅니다. 멕시코, 코스타리카의 국민들이 훨씬 더 행복합니다. 심지어 멕시코, 코스타리카는 '행복'하면 어디서도 꿀리지 않을 전 세계 최상위권에 포진해 있습니다.

코스타리카 : 10위

멕시코 : 11위

일본 : 39위

이탈리아 : 51위

꽤 차이가 크죠?? 특히 코스타리카, 멕시코 국민들의 행복도는 경제 강대국인 미국, 독일, 프랑스, 영국의 행복도보다 높습니다. 참, 이

상한 일입니다. 참고로 한국의 행복도 순위는 일본 바로 아래인 40위 (6점)입니다. 코스타리카, 멕시코는 물론 태국(34위), 오만(22위)보다도 순위가 낮습니다. 분명 한국은 태국, 오만보다 훨씬 잘사는 나라인데 말이죠. 돈과 행복이 관련이 없다는 말이 새빨간 거짓말은 아니지요? 사실 돈과 행복 간에는 조금 더 복잡한 관계가 숨어 있습니다.

🗂 **국가 경제력과 국민의 행복도는 다르다.**

| 국가별 행복도(Wellbeing) | 🎲

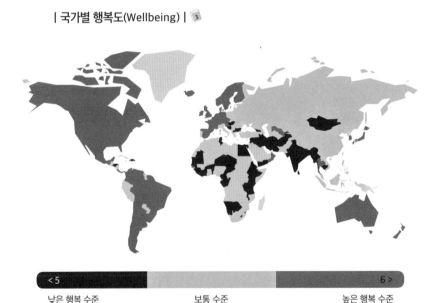

< 5		6 >
낮은 행복 수준	보통 수준	높은 행복 수준

| 2017 국가별 행복순위 |

상위권			하위권		
1	스위스	7.8	111	아이티	4.4
2	노르웨이	7.7	112	라이베리아	4.4
3	아이슬란드	7.6	113	미얀마	4.4
4	스웨덴	7.6	114	아르메니아	4.3
5	덴마크	7.5	115	조지아	4.3
6	네덜란드	7.5	116	말라위	4.3
7	오스트리아	7.4	117	우간다	4.3
8	캐나다	7.4	118	불가리아	4.2
9	핀란드	7.4	119	카메룬	4.2
10	코스타리카	7.3	120	이집트	4.2
11	멕시코	7.3	121	네팔	4.2
12	호주	7.2	122	스리랑카	4.2
13	뉴질랜드	7.2	123	예멘	4.1
14	이스라엘	7.1	124	부르키나파소	4.0
15	베네수엘라	7.1	125	차드	4.0
16	아일랜드	7.0	126	코모로	4.0
17	룩셈부르크	7.0	127	가봉	4.0
18	미국	7.0	128	탄자니아	4.0
19	벨기에	6.9	129	캄보디아	3.9
20	브라질	6.9	130	콩고민주공화국	3.9
21	오만	6.9	131	코트디부아르	3.8
22	파나마	6.9	132	아프가니스탄	3.8
23	영국	6.9	133	니제르	3.8
24	독일	6.7	134	기니	3.7
25	칠레	6.6	135	세네갈	3.7
26	프랑스	6.6	136	부룬디	3.4
27	아르헨티나	6.5	137	르완다	3.3
28	바누아투	6.5	138	베냉	3.2
29	콜롬비아	6.4	139	시리아	3.2
30	트리니다드토바고	6.4	140	토고	2.9

내 연봉이 높을수록 행복할까?

잘사는 나라의 행복도가 오히려 낮은 일은 수많은 행복도 조사에서 몇 번이고 반복 확인된 결과입니다. 한 국가 내에서도 비슷한 현상이 관찰됩니다. 미국의 경제적으로 풍요로운 인기 도시 지역 주민들의 행복도와 발달이 더딘 비인기 시골 지역 주민들의 행복도 역시 별 차이 없다는 연구도 있습니다 4.

우리의 상식을 깨는 이 현상을 설명하기 위해 다양한 논의가 있었습니다. 그중 가장 주목받는 설명인 '레이어드 가설 5'을 소개해 드릴게요. 행복 경제학의 아버지로 불리는 런던대학교 경제학자 리처드 레이어드(Richard Layard)는 인간의 물질적 욕망에는 '만족점(satiation point)'이 있다고 말합니다.

배고플 때 피자 한 판이 눈앞에 있다면 정말 행복해지겠죠? 그런데 한 판이 아니라 열 판이 나타났습니다. 우리의 행복도 10배로 늘어날까요? 그렇지 않습니다. 왜냐하면 우리 위장에도 레이어드가 말한 '만족점'이 있기 때문입니다.

레이어드는 돈의 만족점을 1년간 1만 5000달러~2만 달러의 수입으로 봤습니다. 한국 돈으로는 연봉 약 1600~2100만 원 정도네요. 2005년도 연구니까 물가상승률을 고려하면 연봉 약 2500~4500만 원 정도이겠네요. 이보다 큰돈이 주는 행복은 피자 열 판이 주는 행복과 같습니다. 즉, 레이어드 가설이란 '일정 수준을 넘어서면 소득이 늘어나는 만큼 행복해지지 않는다.'입니다.

그럼 우리나라를 살펴볼까요? KBS 다큐멘터리에서 우리나라 국민들의 수입에 따른 행복도의 변화를 조사했습니다[6].

| 행복과 소득의 상관 관계 |

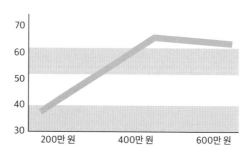

월급이 적을 때는 월급이 늘어날수록 더 행복해지는 것이 눈에 보입니다. 그런데 어느 순간 상승을 멈추네요. '월 430만 원.' 여기가 바로 한국인들의 만족점입니다.

그런데 이 조사에는 만족점보다 더 흥미로운 사실이 숨어 있습니다. 430만 원 이후 그래프의 기울기를 보세요. 행복도가 오히려 떨어지고 있습니다. 그렇다면 월 1000만 원 버는 사람은 430만 원을 버는 사람보다 덜 행복하다는 이야기죠. 월 1000만 원이면 꿈의 연봉인 1억인데 하고 싶은 것, 사고 싶은 것 모두 가능한데. 왜 월 430만 원보다 불행할까요?

여기서 뜬금없는 질문을 던질게요.

밤늦게까지 야자해 본 경험이 있나요? 밤늦게까지 학원에서 공부해 본 적 있나요? 12시에 잠들고 학교에 가려고 7시 전에 일어나는 삶을 살아 본 사람은 지금부터의 설명을 매우 잘 이해할 수 있을 거예요. 하루 6시간을 채 못 자는 생활이 계속되면 눈은 안 떠지고 몸은 천근만근 무겁습니다. 겨울에는 더 심하지요. 따끈한 이불이 나를 붙잡고 놓아주지 않습니다. 며칠도 아니고 일주일 내내, 주말도 없이 이렇게 살아야 한다면 어떤 기분일까요? 심지어 수십 년을 기약 없이 이렇게 살아야 한다면 과연 당신은 행복할까요?

연봉 1억을 줄 테니 10년 동안 가족, 친구, 애인을 만날 시간도 없이 수면 부족, 스트레스에 시달려야 한다면 이 1억을 받을지 말지 고민될 것입니다.

즉, 연봉＝스트레스입니다. 이 사실을 뼈저리게 겪은 어른들은 이렇게 표현합니다. "세상에 공짜는 없어."

고액 연봉자 대부분은 돈을 위해 수면, 삶의 여유, 가족, 우정, 사랑, 건강, 게임, 운동 등 소중한 그 무엇을 희생합니다. 이것이 월급 430만 원을 넘어서면 오히려 행복도가 조금씩 떨어지는 이유입니다. 아무리 돈을 많이 주어도 바꿀 수 없는 것들이 있기 마련이죠. 그것을 돈과 바꿔 버리는 순간 내 손아귀의 행복은 조금씩 새어 나가게 됩니다.

돈이 없어서 굶주린다면, 잠잘 장소나 입을 옷이 없다면 분명 불행합니다. 하지만 일정 수준을 넘어서면 돈은 행복을 방해합니다.

> 🗂 가난이 내 삶을 위협한다면 돈은 행복에 가장 중요한 요소다.
> 그런데 어느 수준을 넘어서면 돈은 내 행복을 훔쳐 간다.

쇼핑은 항상 행복을 불러올까?

쇼핑과 부정적 감정의 연관성 실험

쇼핑은 정말 즐거운 활동이죠. 그래서 쇼핑은 기쁨, 행복 등 긍정적 감정들과만 관련이 깊다고 생각합니다. 그런데 많은 심리학자들이 다음처럼 쇼핑과 엉뚱한 감정의 관련성을 주장합니다.

"쇼핑은 슬픔, 불안, 우울 같은 부정적인 감정들과 관련이 깊다."

'쇼핑하면 얼마나 기분이 좋은데, 불안, 우울, 슬픔과 더 관련 있다니 말도 안 돼.'라고 생각하지요? 그렇다면 제가 지금 소개하는 심리학 실험을 눈을 크게 뜨고 봐주세요. 미국 카네기멜론대학교의 신시아 크라이더(Cynthia Cryder)는 감정이 쇼핑에 어떤 영향을 미치는지 알아보는 재미있는 실험을 설계합니다. ⁊ 여자 13명, 남자 20명, 총 33명의 실험 참가자에게 화려하고 예쁜 물병을 직접 판매하는 실험입니다. 그런데 물병을 팔기 전에 크라이더는 참가자의 감정에 약간 처치를 가합니다.

그룹 A : 눈물이 쏙 빠지는 슬픈 영화(소년의 사랑하는 스승이 죽는 내용) 시청
그룹 B : 호주 산호초 지대(Great Barrier Reef)에 관한 내셔널지오그래픽 다
　　　큐멘터리 시청

A 그룹은 슬픔을 느낀 반면 B 그룹의 감정에는 아무런 영향도 없었습니다. 영상을 본 후 크라이더는 드디어 물병을 팔기 시작합니다. 1:1로 팔았고, 가격은 어느 정도 흥정할 수 있었습니다. 물병의 가격은 참가자마다 차이가 납니다.

잠시 책을 덮고 예상해 봅시다. 과연 어느 쪽이 더 많은 돈을 썼을까요? 쇼핑과 가장 관련 깊은 감정이 즐거움이라고 생각한다면 슬프지 않은 B 그룹이 더 돈을 썼겠지요. 하지만 결과는 정반대였습니다. 슬픔을 느꼈던 A 그룹이 다큐멘터리를 본 B 그룹보다 물병을 사는 데 더 돈을 씁니다. 그것도 무려 4배 이상이나 더 썼다고 합니다. 판매가 끝난 후 크라이더는 참가자들을 인터뷰하여 아래와 같은 사실을 알아냅니다.

"영화에 깊게 감정이입하여 더 깊은 슬픔을 느낄수록,
더 높은 가격에 물병을 산다."

흥미로운 결과이지요? 이런 사실을 발견한 것은 크라이더만이 아니었습니다. 굉장히 많은 연구에서 슬픔, 우울, 불안 같은 부정적인 감정을 느낄 때 충동구매가 느는 현상이 관찰된다고 합니다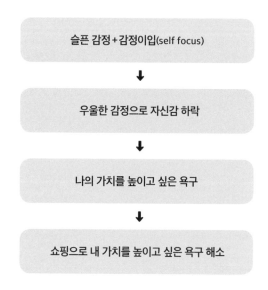. 그렇다면 왜 슬픈 감정일 때 더 적극적으로 쇼핑하게 될까요? 이를 알아보기 위해 크라이더는 A 그룹을 대상으로 설문조사와 추가 면접을 합니다. 이를 통해 크라이더가 얻은 결론은 아래와 같습니다.

슬픈 감정 + 감정이입(self focus)

↓

우울한 감정으로 자신감 하락

↓

나의 가치를 높이고 싶은 욕구

↓

쇼핑으로 내 가치를 높이고 싶은 욕구 해소

즉, 슬픈 영화는 우울한 감정을 불러일으킵니다. 이 우울한 감정이 A 그룹의 자신감을 낮춘 거지요. A 그룹은 낮아진 자신감을 회복시

● 충동구매가 심한 사람 중 많은 수가 우울증, 불안 증세도 함께 보인다고 합니다.

키고 싶어 방법을 찾습니다. 이때 쇼핑이 해결책이 되는 것입니다. 예쁘고 자랑할 만한 물건을 손에 넣어서 낮아진 자기 가치를 높이려는 욕구가 생깁니다. 이 욕구 때문에 꽃병을 더 높은 가격으로 사게 된 것입니다.

> 🖐 **적당한 쇼핑 욕구는 자연스러운 일이다.**
> **하지만 과도한 쇼핑 욕구가 나를 괴롭힌다면**
> **나의 마음을 살펴볼 필요가 있다.**

내가 가진 물건이
나를 보여 준다는 생각

"나에 대한 불안감을 새로운 물건으로 해소하기 위해
쇼핑을 한다."

크라이더의 결론에 공감이 가시나요? '무슨 소리지? 나는 그저 갖고 싶어서 쇼핑하는데.'란 생각이 들지 모릅니다. 그렇다면 크라이더의 주장을 더 자세히 살펴봅시다. 유명 메이커 교복, 데상트, 르꼬끄 같은 메이커 의류, 맥북, 삼성, LG 노트북, 값비싼 립밤, 비비크림, 아이폰, 갤럭시… 우리는 이 물건들을 왜 가지고 싶을까요? 이 물건들이 정말 삶에 중요하고 없으면 불편하기 때문일까요? 다음 질문들을 읽으면서 우리 자신의 마음을 살펴봅시다.

- 비싼 물건을 산 친구를 보고 '부럽다, 멋지다, 대단하다.'라고 생각한 적 있나요?

- 필요 없는데도 남들에게 보여 주기 위해 물건을 산 적 있나요?

- 내 물건을 친구들이 감탄하고 부러워할 때 '난 멋져.'라고 생각한 적 있나요?

- '메이커가 내 수준을 보여 준다'고 생각해 본 적 있나요?

- 유행하는 옷, 가방, 신발, 화장품이 없을 때 불안감을 느껴 본 적 있나요?

정도의 차이는 있겠지만 고개를 끄떡일 부분이 많이 있을 거예요. 여러분만이 아니라 사실 모든 현대인은 은연중에 내 물건이 나의 가치를 높여 준다고 생각합니다. 아이폰을 사면 기분이 날아갈 것 같아요. 왜냐하면 아이폰을 가진 자신이 힙(hip)하게 느껴지기 때문이에요. 즉, 쇼핑이 주는 쾌감의 심리적인 본질은 이것입니다.

'내가 가진 물건이 내 가치를 높인다.'

이 말을 이해했다면 대세 트렌드 상품을 갖지 못했을 때 오는 불안감의 정체도 알 수 있어요. 그 정체란 '저 물건이 없으면 나는 남들에게 못난 사람으로 보일 거야.'라는 생각에서 오는 불안감, 초조함입니다.

쇼핑이 주는 이런 쾌감의 본질을 철저히 연구해서 이용하는 분야가 있습니다. 바로 광고 마케팅 분야예요. 이들의 지상과제는 '어떤 수를 쓰든 많이 팔아라!'입니다. 이 목적을 위해 가장 흔히 쓰는 전략이 바로 '공포 마케팅'인데요. 긴 설명이 필요 없이 광고문구들을 살펴볼게요. 모두 실제 사용된 광고문구들입니다.

너는 아직 모르니? 예쁜 애들은 다 알아. _화장품 광고

수준 차이, 따라올 수 없는 명품의 가치를 느낄 수 있습니다.   _ 자동차 광고

세상은 당신이 사는 곳을 동경합니다. 누구나 갖고 싶은 그러나 아무나 가질 수 없는   _ 아파트 광고

중1 성적이 대입을 좌우한다. 그런데 중1은 자유학기제라 자기 성적을 모른다.
_ 학원광고

중학교에 수학기초를 잡아놓지 않으면 큰일 난다.   _ 학원광고

초등학교 5, 6학년은 이미 늦습니다. 초등학교 3, 4학년 때 시작하세요.
_ 학원광고

이것들이 공포 마케팅의 대표적인 사례입니다. 이 광고들은 다음과 같은 심리를 자극합니다.

"만약 이것을 갖지 못하면 너의 가치는 떨어진다."

공포 마케팅은 가장 흔히 쓰는 광고 수단이라고 합니다. '이거 안 사면 너는 못난 사람이야.'라고 대놓고 위협한다면 반발심이 생기죠. 그래서 이 광고들은 '너는 아직 모르니?, 수준 차이, 아무나 가질 수 없는, 큰일 난다, 이미 늦습니다.' 같이 은근히 위협합니다. 나도 모르게 '헉, 저거 없으면 뒤떨어진 사람이 되겠네.'라는 생각을 주입합니다. 그렇다면 우리 함께 이 광고에 담긴 속내를 벗겨 볼까요?

너는 아직 모르니? 예쁜 애들은 다 알아. → 다 아는 것을 왜 돈 들여 광고하고 있지?

수준 차이 → 자동차랑 내 수준이랑 뭔 상관이 있나요? 자동차가 사람의 수준이라고 생각하는 네 수준이 의심된다.

누구나 갖고 싶은 그러나 아무나 가질 수 없는 → 누구나 갖고 싶은 것을 왜 광고 해? 아무나 가질 수 없다고? 돈 받고 팔려고 광고하잖아?

중1 성적이 대입을 좌우한다. → 중1 성적과 대입은 별 상관없다

중학교에 수학기초를 잡아놓지 않으면 큰일 난다. → 무슨 큰일인데? 수학성적은 공부하면 언제든 올라갈 수 있다.

초등학교 5, 6학년은 이미 늦습니다. 초등학교 3, 4학년 때 시작하세요.
→ 초등 3, 4학년도 충분히 빨라. 이러다 유치원부터 시작하라고 하겠다.

직접 따져 보니 웃기는 말들이지요? 저 물건들이 없다고, 저 학원에 다니지 않는다고 당신의 가치가 떨어질 일은 없습니다. 반대로 저 물건을 산다고 당신의 가치가 올라가는 일도 없어요. 만약 무의식적으로 그렇게 느꼈더라도 그건 착각입니다. 진정한 당신의 가치는,
다리를 다친 친구를 위해 가방을 들어 주는 따뜻한 마음.
친구들과 다투고 화가 났는데도 먼저 화해하자고 내미는 당신의 손.

감기 몸살에 누워 있는 엄마를 위해 끓인 죽 한 그릇.

졸린 눈을 비비며 영어 단어 한 개를 더 외우는 당신의 끈기.

이것들이 진정한 당신의 가치입니다. 스마트폰, 교복, 옷으로 '내가 대단해졌다'는 느낌을 받아도 잠시뿐. 그렇게 얻은 만족은 오래갈 수 없습니다. 곧 불안이 다시 찾아오죠. 그럼 다른 신상품을 찾게 되겠죠. 결국 물건은 물건일 뿐 나 자신이 될 수 없습니다.

> 📑 내가 가진 물건이 나를 멋진 사람으로 만들어 준다고
> 무의식적으로 생각하지만 그건 착각일 뿐이다.
> 착각은 오래가지 못한다.

그 물건은 정말 내게 만족을 주었을까?
'16년 후 쇼핑목록 확인' 실험

지금 가장 갖고 싶은 물건이 무엇인가요? 유명 메이커 교복? 유명 브랜드 옷과 신발? 최신 노트북? 값비싼 화장품? 이 중에도 없다면…… 아이폰, 갤럭시S? 이것들이 당장 내 손에 들어온다고 생각해 봅시다. 상상만 해도 짜릿하지요.

누구에게나 원하는 물건을 갖고 싶은 강렬한 욕망이 있습니다. 부모님, 선생님 같은 어른들은 얼핏 성숙하고 자제력이 있는 듯 보이지만 사실 대부분 쇼핑의 노예들입니다. 학원 땡땡이를 걸렸는데 부모님이 너그럽게 용서해 주었다면 그날 밤 도착할 택배가 여러분을 구

한 걸지도 모릅니다.

  남녀노소 가리지 않고 쇼핑에 사로잡힌 이유는 이 욕구를 마음껏 채워 본 적이 한 번도 없기 때문입니다. 우리의 성은 만수르가 아니니까요. 그럼 여기서 즐거운 상상을 한번 해볼까요? 당신은 갑자기 만수르 가문의 일원이 되었습니다. 당신은 만수르 가문만이 가질 수 있는 '기가 울트라 플래티넘 골드 신용카드'를 획득했습니다. 장바구니의 모든 물건을 사들일 수 있습니다. 더 이상 뭘 사야 할지 모를 만큼 아주 시원하게 질렀어요. 흐흐흐. 상상만으로 행복합니다. 이제 당신은 충분히 만족했을까요? 아니면 여전히 불만족스러울까요?

  이 질문의 답을 간접적으로 보여 주는 재미있는 실험을 소개해 드릴게요. 캘리포니아대학교의 경제학자 리처드 이스털린(Richard Ainley Easterlin)은 1978년 성인들을 대상으로 재미있는 설문조사[9]를 실시했습니다. 그는 TV, 자전거, 책상, 자동차, 옷 등 다양한 상품이 적힌 목록을 실험 참가자들에게 주었어요. 그리고 두 가지를 고르도록 했습니다.

  ① 현재 이미 가진 것

  ② 앞으로 가지고 싶은 것

  이스털린은 이 목록을 소중히 간직합니다. 무려 16년이나요.

  16년 후 참가자들을 불러 똑같은 목록을 주고 한 번 더 선택하게 합니다. 그리고 16년 전 목록과 비교해 보았지요.

16년 전 갖고 싶었던 물건 → 16년 후 물건을 소유

16년 전 지니고 있었던 물건 → 16년 후 가지고 싶은 물건

A 참가자는 16년 전에 TV를 갖고 싶은 물건으로 체크했습니다. 16년 후 조사해 보니 A는 TV를 구매한 상태였습니다. 또한 A는 16년 전에 자전거를 가지고 있었습니다. 그런데 16년 후 조사에서 A는 가지고 싶은 물건으로 자전거를 체크합니다.

16년 동안 A가 지녔던 물건과 가지고 싶은 물건의 자리가 뒤바뀐 것이죠. 아마 다음 16년 후 조사에서 다시 자전거와 TV의 자리가 바뀔 것입니다. 이처럼 갖고 싶은 물건과 가지고 있는 물건은 서로 자리를 바꿔 가며 끊임없이 당신의 쇼핑욕구를 자극합니다.

이 조사가 의미하는 바는 '쇼핑에 완전한 만족은 없다'는 점입니다. 만약 여러분이 아이폰을 얻어도 쾌감은 오래가지 않습니다. 또 다른 쾌감을 찾아 신상 롱패딩에 눈을 돌리겠지요. 롱패딩의 쾌감이 줄어드니 이제는 최신 노트북이 보이네요….

이런 식으로 갖고 싶은 물건을 모두 사면 완전한 만족에 다다를까요? 아니요. 더 이상 살 것이 없어진 당신은 다시 출발선으로 돌아와 다시 최신 아이폰을 검색하게 될 것입니다.

👆 쇼핑은 끝이 없다. 사고 싶은 것을 모두 다 사도
다시 출발선으로 돌아올 뿐이다.

가지면 가질수록 더 갖고 싶다
심리검사로 나의 물질주의 성향 알아보기

쇼핑을 통해 즐거움, 사랑, 고마움 등 수많은 종류의 기쁨을 느낄 수 있습니다. 나의 행복을 위해 마음껏 즐기세요. 다만 쇼핑의 쾌감에 지배당하지는 말아야 합니다. 쇼핑의 만족에 끝은 없기 때문입니다. 돌고 돌아 제자리로 돌아올 뿐이죠. 1990년대 후반 영국 심리학자 마이클 아이젠크(Michael Eysenck)는 이 물질적인 욕망의 원리에 멋진 이름을 붙입니다.

바로 '쾌락의 쳇바퀴 이론(hedonic treadmill theory)'입니다. 햄스터나 다람쥐가 열심히 돌리는 놀이기구가 바로 쳇바퀴입니다. 쳇바퀴는 돌리고 돌려도 영원히 목적지에 다다를 수 없습니다. 그저 제자리를 맴돌 뿐이죠. 인간은 끊임없이 물질적인 욕망을 추구하지만 만족은 잠시뿐이에요. 곧 다른 물건을 찾아 달린다는 것이 쾌락의 쳇바퀴 이론입니다.

어린이, 청소년, 부모님, 선생님까지 현대인이라면 대부분 쇼핑 쾌락의 쳇바퀴를 돌리며 살고 있습니다. 쇼핑 쾌락의 쳇바퀴에 너무 집착하다 보면 어떻게 될까요? 아무리 물건에 집착해도 불만족만 쌓여가는, 그래서 더 집착하는 '물질주의(mammonism)'에 빠지게 됩니다.

물질주의란 물질, 돈을 최고의 가치로 여기는 신념입니다. 물질주의에 빠지면 가족, 친구보다 돈, 옷, 스마트폰이 더 중요해집니다. 가

족, 친구들을 돈, 옷, 스마트폰으로 판단합니다. 그래서 물질주의 성향이 강한 사람은 친화력, 공감능력이 낮으며 인간관계에서 만족감도 덜 느낀다고 합니다. 당연히 인간관계의 어려움을 겪을 가능성이 크겠죠. 또한 삶의 만족과 행복도 잘 못 느끼게 된다고 합니다. [10]

그렇다면 과연 나는 물질주의 성향이 어느 정도 있을까요? 다음 문항[11]을 보고 1~5점까지 점수를 매겨 주세요. 1점은 '전혀 그렇지 않다', 2점은 '그렇지 않다', 3점은 '보통이다', 4점은 '그렇다', 5점은 '매우 그렇다'입니다.

1. 나는 비싼 집과 차, 옷을 가진 사람을 보면 부럽다. (   )

2. 내가 소유한 물건들이 '내가 인생을 얼마나 잘 살고 있는지'에 관해 많은 것을 말해 준다. (   )

3. 나는 사람들이 감탄할 만한 물건을 갖고 싶다. (   )

4. 나는 소박하게 살려고 한다. (   )

5. 물건을 사는 일은 내게 큰 기쁨을 준다. ( )

6. 내 삶이 아주 호화로웠으면 좋겠다. ( )

7. 지금 내가 가지지 못한 어떤 것을 가진다면 내 삶은 더 나아질 것이다. ( )

8. 더 많은 것들을 살 수 있는 형편이 된다면 더 행복해질 것이다. ( )

9. 좋아하는 모든 것을 살 형편이 못 된다는 사실이 상당히 괴로울 때가 있다.( )

이제 총점을 내봅시다. 주의할 것은 4번 항목의 점수는 뒤집어야 합니다(5점→1점, 1점→5점으로 / 4점→2점, 2점→4점으로 / 3점은 그대로). 총 몇 점이 나왔나요?

이 척도는 미국 미주리대학교의 마샤 린친스(Marsha L. Richins)가 만든 물질주의 성향 척도입니다. 린친스가 미국인들에게 이 척도를 적용한 결과 평균 점수는 26.2점이었다고 합니다. 36점 이상은 미국에서 상위 20% 안에 드는 수준이라고 해요. 내 총점은 어느 정도인가요? 만약 36점 이상이었다면 쾌락의 쳇바퀴에 대해 한 번 생각해 보길 권합니다.

쾌락의 쳇바퀴를 돌리려면 끊임없이 사고 또 사야 합니다. 돈은 한정되어 있는데 사고 싶은 건 많으니 무척 괴롭겠지요. 하지만 아무리 노력해도 목표 도달은 없으며 제자리를 돌 뿐입니다. 또한 가족, 친구들보다 돈, 물건에 더 집착해 그들과 멀어질 수도 있습니다. 그로 인해 삶에서 만족, 행복감을 좀처럼 느끼지 못하게 되기도 합니다.

> 많은 것을 탐하는 자는 항상 많은 것을 잃어버린다.
> - 호타리우스

끔찍한 사건으로 세상이 무너져도 행복할 수 있을까?

전신 마비 환자와 로또 당첨자의 행복 비교 실험

누구에게나 '절대로, 절대로 벌어지지 않았으면' 하는 일들이 있습니다. '만약 친구와 헤어진다면, 날 싫어한다면, 이번 시험을 망친다면, 대입에 실패하면, 누군가가 내 비밀을 알아챈다면, 부모님이 이혼한다면 내 인생은 끝이야, 평생 불행할 거야.'라는 불안에 잠을 이루지 못한다면 다음에 주목해 주세요.

이번 심리학 실험은 절대 벌어지면 안 될 엄청난 불행을 겪은 사람들의 이야기입니다. 당신이 내일부터 걷지 못한다면? 치킨을 눈앞에 두고 내 손으로 못 먹고 누가 먹여 줘야만 한다면? 누군가가 내 몸을 씻겨 줘야만 한다면? 도움 없이는 화장실조차 갈 수 없다면? '평생 다시는 행복하지 못할 거야.'라는 생각이 들겠죠. 이런 일이 현실이 되어 버린 사람들이 바로 이 실험의 주인공입니다. 사고로 팔, 다리,

심지어 하반신 마비, 전신 마비 등의 장애를 얻은 사람들이죠.

이 실험은 심리학에서 행복을 이야기할 때 빠지지 않는 기념비적인 연구이기도 하죠. 제목부터 아주 흥미진진합니다.

"로또 당첨자와 장애를 갖게 된 사고 희생자: 행복은 상대적인가? [12]"
Lottery Winners and Accident Victims: Is Happiness Relative?

미국 노스웨스턴대학교의 심리학자 필립 브릭먼(Philip Brickman)은 '행복에는 어떤 조건이 필요할까?' 궁금했습니다. '행복에는 누구나 동의하는 절대적 조건(돈, 좋은 집, 멋진 차 등)이 중요할까? 아니면 행복을 느끼는 데는 절대적 조건에 관계없이 사람에 따라 상대적으로 다를까?'라는 질문에 대답하기 위해 브릭먼은 가장 행복할 것 같은 사람들과 가장 불행해 보이는 사람들을 찾았습니다.

가장 행복할 것 같은 사람들 - 로또 당첨자들
가장 불행할 것 같은 사람들 - 사고로 인해 장애를 갖게 된 희생자들

브릭먼은 사고 희생자들과 로또 당첨자들에게 똑같은 질문을 던졌습니다.

1. 지금 얼마나 행복합니까?
2. 앞으로 나는 얼마나 행복할까요?

1번 질문에는 누가 더 행복하다고 대답했을까요? 예상대로 로또 당첨자들(4.00, 5점 만점 척도)이 사고 희생자들(2.96)보다 훨씬 행복 점수 평균이 높았어요.

그렇다면 2번 질문에는 어떻게 답했을까요? 놀랍게도 미래의 행복에 대해선 로또 당첨자, 사고 희생자들의 예상치가 비슷했습니다. 심지어 미세하지만 사고 희생자들(4.32)이 로또 당첨자(4.2)들보다 미래에 더 행복할 것이라고 대답했습니다.* 로또 당첨자들보다 미래를 더 희망차게 보는 장애인들이라니. 정말 이상하지요? 이어지는 내용은 더욱 신기합니다. 브릭먼은 이들의 행복을 더 구체적으로 알아보기 위한 질문을 던졌습니다.

이럴 때 얼마나 행복하세요?

- 친구와 수다를 떨 때　　　- tv를 볼 때

- 맛있는 아침을 먹을 때　　- 재밌는 농담을 들을 때

- 잡지나 책을 읽을 때　　　- 옷을 살 때(로또 당첨자에게 이 질문은 제외)

- 누군가로부터 칭찬을 들을 때

'지금 행복하시나요?'라는 질문보다 일상의 행복을 더 실제적으로 측정하기 위해 준비한 질문이었죠. 이 조사 결과는 참 놀라웠습니다.

● 　단순 평균치는 높았으나 '과학적 차이가 존재한다.'고 할 만큼 통계적으로 높은 숫자는 아니었습니다.

비록 미세하지만 사고 희생자들의 평균 점수(3.48)가 로또 당첨자들(3.33)보다 더 높았습니다. '현재 행복한가요?'는 질문에는 로또 당첨자들이 더 행복하다고 답했지만 일상에서 더 큰 행복을 느끼는 쪽은 사고 희생자였던 것이지요. 결국 둘 사이의 행복도는 과학적으로, 통계적으로 별 차이가 없었습니다.

브릭먼은 실험을 바탕으로 이런 결론을 내립니다.

"로또 당첨자와 사고 희생자 모두 굉장히 행복하거나 엄청나게 불행한 건 아니다."

브릭먼만 이런 현상을 발견한 것은 아니었습니다. 지능 발달이 더딘 사람, 선천적 기형아, 심지어 두 눈이 먼 시각장애인들까지, 매우 불행해야 할 사람들의 행복도도 보통 사람과 별 차이가 없다고 밝혀낸 연구도 있습니다.[13] 모두 우리 상식과는 무척 동떨어진 결과죠.

무엇이 이들을 엄청나게 행복하거나, 굉장히 불행하지 않게 만들었을까요? 범인은 바로 '시간'이었습니다. 브릭먼이 조사한 사람들 다 로또에 당첨된 지, 장애를 얻은 지 한참이 지난 뒤였어요. 시간이란 것은 정말 강력해서 아무리 거대한 절망도, 큰 기쁨도 어느새 서서히 옅어지게 만듭니다.

친구가 당신을 따돌리면, 시험을 망치면, 대학에 떨어지면, 가정에 불행이 찾아오면 정말 힘들 거예요. 괴로워서 잠도 안 올 겁니다. 아무리 '괜찮을 거야.'라고 긍정적으로 최면을 걸어도 잠시뿐 아픔은 사라지지 않을 거예요. 어쩌면 당신은 이 책을 읽고 있는 이 순간 정말 많이 아픈 중일지도 몰라요. 그런 당신에게 '별것 아니야, 다 잘될 거야.'라고 섣불리 위로하지는 않겠습니다. 그건 거짓말이니까요. 별것인지 아닌지는 남이 정하는 것이 아니라 스스로 느끼는 것이니까요.

잘될 수도 있지만, 잘 안 될 수도 있어요. 그건 아무도 몰라요. 다만 이것 하나만은 장담할 수 있습니다.

아무리 힘들어도 당신은 언젠가 다시 웃을 수 있을 거예요.

Et hoc transibit, 이것 또한 지나가리라.

우리는 슬픔을 과대평가한다

'만약 시험을 망친다면, 대학에 떨어지면, 친구들에게 따돌림당하면, 부모님이 내 곁에 없다면… 내 인생은 영원히 끝장이야.'

지금 당신의 그 불안하고 초조한 마음은 누가 뭐래도 진심일 거예요. 다만 '내 인생이 영원히 끝장'이라는 예상은 틀렸습니다. 그 어떤 나쁜 일이 나를 덮쳐도 '평생' 불행에 허덕일 일은 없습니다. 심지어 몸에 장애가 생길지라도 말이에요. 이것은 수많은 연구에서 확인된 사실입니다. 아무리 큰 재앙이라도 어떻게 극복하게 된다는 걸까요? 하버드대학교 심리학자 댄 길버트(Dan Gilbert)는 이 질문에 두 가지

해답 🔖을 제시합니다.

우리가 어떤 슬픔에서도 빠져나올 수 있는 이유 첫 번째는 '바쁘다, 바빠'입니다. 민영이의 이야기를 통해 알아보겠습니다.

💬 　민영이에게는 2년 연속 같은 반으로 함께 밥 먹고, 수다 떨던 단짝 정윤이가 있었다. 어느 날 정윤이가 말했다.

"너 이제는 나한테 말 걸지 마."

차가운 정윤이의 말에 민영이는 좌절했다.

"세상이 무너졌어. 앞으로 어떻게 지낼지 깜깜해. 계속 외톨이로 지내게 될 거야. 친구들은 나보고 왕따라고 흉볼 거야. 내 학교생활은 끝났어."

민영이처럼 큰 충격을 받고서 이런 절망의 늪에 빠지는 일은 자연스러운 현상입니다. 그런데 길버트는 이 절망의 늪을 무척 냉정하게 분석했습니다. 바로 다음처럼요.

"인간은 비극적인 사건이 초래하는 슬픔에 대해
꽤나 과장하고 과대평가한다.
또한 그 슬픔이 엄청나게 긴 시간 동안 지속될 것이라고 생각한다."

그의 말에 따르면 인간은 슬픈 일을 겪은 후 앞으로 영원히 이 일에서 못 벗어날 거라고 생각하는 경향이 있다고 합니다. 하지만 삶은 생각보다 정신없이 지나가지요. 어떻게 지나가냐고요?

당장 내일 민영이가 짝사랑하던 남자 애가 영화를 보자고 한다.

며칠 뒤 BTS 콘서트 예매에 성공한다.

엄마의 잔소리가 터진다.

일주일 뒤 기말고사 때문에 슬퍼할 겨를이 없을 정도로 공부에 몰두한다.

이처럼 금세 수많은 일들이 바쁘게 펼쳐집니다. 지금 슬픔을 겪는 친구들은 꼭 기억해 주세요. 곧 생각지 못한 사건들이 찾아올 거예요. 그것들이 여러분을 바쁘게, 귀찮게, 몰두하게, 때론 다시 웃게 만들어 줄 거랍니다. 그 사이 당신의 고통은 자기도 모르게 서서히 옅어질 거예요.

> 아무리 최악의 상황에 닥치더라도
> 우리의 마음은 행복을 다시 찾는다.

우리 마음에도 면역 체계가 있다

'바쁘다 바빠'에 이어, 슬픔에서 벗어나는 두 번째 이유. 우리에게는 슬픔을 극복하는 강한 힘이 있습니다. 그런데 대부분은 이 힘을 얕잡아 보거나 심지어 존재조차 모른다고 합니다. 이 힘을 길버트 교수는 '심리적 면역체계(psychological immune system)' [14]라고 했습니다.

면역체계의 뜻을 아시나요? 우리 주변에는 셀 수 없이 많은 세균들이 있어요. 문손잡이, 화장실 변기, 교실의 책상, 연필, 지우개 등 우리가 손대는 물건 하나하나에 세균 수억 마리가 붙어 있습니다. 하루 평균 세균 수만 마리가 눈, 코, 입을 통해 우리 몸으로 침입합니다. 우리는 감기, 복통, 설사 등 수십 가지 질병에 매일같이 시달려야 정상이죠. 하지만 실제 인간은 웬만해서 병에 걸리지 않습니다. 속눈썹, 코털, 침, 백혈구 등이 우리 몸에 침입하는 세균들을 막아 주기 때문입니다. 이것들을 통칭 '면역체계'라 부릅니다.

인간 심리에도 면역체계가 있다고 합니다. 이 심리적인 면역체계는 우리가 슬픔과 절망에 너무 깊이 빠져 기력을 잃거나, 심한 우울에 빠지거나, 죽고 싶다는 생각이 들지 않도록 우리를 보호해 줍니다. 심리적 면역체계를 잘 보여 주는 이야기를 소개하겠습니다.

북쪽 변방에 한 노인이 살고 있었다. 어느 날 노인이 기르던 말이 도망가자 사람들은 "말이 도망가서 어째요."라고 위로했다. 하지만 노인은 "이게 복이 될지 어찌 알겠소."라며 덤덤하게 말했다.

얼마 후 도망갔던 말이 많은 야생마들을 데리고 노인에게 돌아왔다. 사람들은 "이제 부자가 되셨구려."라고 축하했다. 이번에 노인은 "이게 화가 될지 어찌 알겠소."라며 덤덤한 표정을 지었다.

그런데 노인의 아들이 새로 온 말을 타다가 그만 말에서 떨어졌다. 아들은 다리를 크게 다쳐 절름발이가 되고 말았다. 사람들은 "아들이 다쳐서 저 지경이 되었으니 어쩌나요."라고 걱정하며 위로했다. 하지만 노인은 "이게 복이 될지 어찌 알겠소."라며 담담한 태도를 보였다.

얼마 후, 오랑캐들이 쳐들어와 많은 남자들이 전장에 나가야 했다. 대부분은 전사하고 말았다. 하지만 아들은 절름발이인 덕에 징집되지 않고 살아남을 수 있었다. 그제야 사람들은 노인이 왜 모든 일에 담담했는지를 깨닫고 존경하게 되었다.

새옹지마(塞翁之馬, 변방 노인의 말)란 고사성어의 이야기입니다. 이 노인의 놀라운 능력이 여러분의 마음속에도 존재합니다. 바로 심리적 면역체계입니다. 이 면역체계가 정윤이에게 배신당한 슬픔에서 민영이를 구한 것입니다.

합리화하기: 그래, 그럴 줄 알았어. 원래 평소에도 재수 없게 굴어서 짜증났어.

슬픔 축소하기: 별것 아냐. 친구랑 싸우고, 헤어지고, 다시 친해지고 그동안 수없이 겪은 거잖아.

대안 만들기: 그래, 내가 너 말고 친구가 없냐? 그냥 수연이랑 놀면 돼.

좋은 의미 부여하기: 평소에도 정윤이 때문에 너무 스트레스를 많이 받았어. 차라리 잘됐어. 앞으로는 더 착한 아이와 친구해야지.

심리적 면역체계는 우리도 모르게 작동합니다. 그리고 스트레스, 우울, 불안으로부터 우리를 구해 줍니다. 심리적 면역체계는 신체적 면역체계만큼 강력합니다. 수많은 세균들이 신체적 면역체계를 뚫지 못하듯 웬만한 슬픔은 심리적 면역체계 앞에 무릎을 꿇습니다.

'바쁘다 바빠.'와 심리적 면역체계. 이 두 가지 앞에서 어떤 불행도 결국 쪼그라들고 맙니다. 베프가 날 떠나도, 시험을 망쳐도, 대학에 떨어져도, 심지어 내가 평생 못 걷는 장애가 있다 해도 말이지요. 오직 필요한 것은 어느 정도의 '시간'뿐입니다.

혹시 오해는 하지 마세요. "지금 네가 겪는 슬픔은 결국 사라지고 말 거야. 그러니 죽을 것처럼 엄살 부리지 마."라는 소리를 하려는 것이 절대 아닙니다. 세상에 '별것 아닌 좌절'은 없습니다. 슬픔은 객관적인 수치가 아니기에 등수나 경중을 매길 수 없으니까요. 누구에겐 별것 아닌 일도 나에겐 죽고 싶을 만큼 괴로운 일이 될 수 있습니다. 시험을 망쳐도 하하 웃고 넘기는 친구가 있는 반면 밤새 엉엉 우는 친구도 있기 마련이죠. 세상에 있는 사람 수만큼, 수십억 개의 다른 슬픔이 존재합니다.

그러니 누구도 당신의 슬픔을 "별것 아니구만."이라고 함부로 평가할 권리는 없습니다. "겨우 그런 것 때문에 그러냐."라고 말할 수도 없죠. 누구에게든 "나는 ○○○ 때문에 슬프다."라고 당당히 말할 수 있어야 합니다. 나 또한 누군가의 슬픔을 가벼이 여겨선 안 됩니다. 나와 달라도, 이해 안 가더라도 말이죠.

앞으로 당신의 앞날에 어떤 고통과 슬픔이 있을지는 아무도 모릅니다. 다만 제가 드릴 수 있는 약속은 이것입니다.

'죽을 것 같이 아프더라도 결코 영원히 지속되지는 않을 거예요.
당신이 지닌 마음의 힘을 믿어 보세요.'

🗂 죽을 것 같이 힘든 고통일지라도
이를 이겨 낼 힘이 우리 안에 존재한다.

큰 성공 한 방이면 평생 행복해질까?

쾌락 적응 이론

happy ever after……

그 이후로 그들은 영원히 행복하게 살았습니다……

어디서 많이 본 엔딩이지요? 아마 이렇게 끝이 나는 동화를 순식간에 다섯 이상 말할 수 있을 거예요. 백설공주, 신데렐라, 라푼젤, 흥부와 놀부, 심청전……. 이 동화들은 내용까지 서로 비슷합니다.

정말 고약한 악당이 마음이 여린 주인공을 위험에 빠뜨린다. 예쁘고 착하기까지 한 주인공이 절체절명의 위험에 빠졌을 때 딱!! 왕자님, 산신령, 용왕님 같은 전지전능한 존재가 한 방에 문제를 해결한다. 때론 귀신, 도깨비, 심지어 까치, 제비가 나서기도 한다. 위험을 극복한 후 '영원히 행복하게 살았습니다.'로 해피엔딩.

동화는 아이들을 위한 이야기입니다. 어린이의 이야기일 수밖에 없는 이유는 순진한 아이들이나 속아 넘어갈 거짓말이 꽤 있기 때문입니다. 이 중 가장 큰 거짓말은 '그 후 그들은 영원히 행복하게 살았습니다.'이겠죠. 지금부터 이 말이 왜 거짓인지 살펴보겠습니다.

'인생 한 방이야. 내가 이번 시험에서 1등만 하면… 저 대학에만 붙으면… 저 애랑 사귄다면… 결혼만 하면… 의사, 판사, 공무원만 되면… 내 인생은 평생 행복할 거야.'

다들 이런 생각 한 번쯤 해본 적이 있을 거예요. 그런데 아무리 멋진 이벤트가 벌어져도, 기분이 날아갈 것 같아도 그 일로 평생을 행복할 수는 없어요. 굳이 거창한 심리학 이론을 소개할 필요도 없이 여러분의 삶을 천천히 돌이켜 보면 충분히 납득할 수 있습니다.

유치원 때 받은 뽀로로 인형 때문에 아직까지 즐거운가요? 초등학교 3학년 때 받은 100점 시험지가 여전히 당신을 행복하게 하나요? 몇 년 전 짝사랑하던 아이와 이루어져 방방 뛰어다니던 그 친구, 여전히 뛰어다니고 있나요? 대학에 합격했을 때 세상을 다 가진 듯이 소리치던 언니, 오빠, 형, 누나들, 지금은 어떤 표정을 짓고 있나요?

서프라이즈 이벤트가 선물한 쾌감은 평생의 행복으로 이어지지 못합니다. 전 국민의 소원인 로또 당첨조차 달콤함을 고작 6개월밖에 주지 못했지요. 무엇이건 나를 평생 행복하게 해주면 참 좋을 텐데 아쉽게도 그 어떤 이벤트도 영원한 행복을 약속하지 못합니다. 도대체 왜 우리는 영원히 행복할 수 없도록 만들어졌을까요?

놀라지 마세요. 이 질문의 답은 '우리가 영원히 불행할 수 없는 이유'와 똑같습니다. 우리가 영원히 행복해질 수 없는 이유도 '심리적 면역체계'입니다. 심리적 면역체계는 슬픔뿐만 아니라 기쁨에도 작동합니다. 그래서 인간은 아무리 기분 좋고, 동네방네 자랑하고 싶고,

날아갈 것 같이 기뻐도 시간이 흐르면 무덤덤해집니다. 원리는 슬픔을 억제시켰던 과정과 같아요. '시간이 조금 지나니까 질린다. 별것 아니었네.'라고 익숙하게 만들거나, '카톡 답장 안 한다고 잔소리하네. 남친, 여친이 생긴다고 마냥 좋은 건 아니구나.' 같이 처음엔 눈치채지 못했던 짜증 나는 점이 나타납니다.

캘리포니아대학교의 심리학자 소냐 류보머스키(Sonja Lyubomirsky)는 기쁨에 관한 심리적 면역체계를 '쾌락 적응'이라고 이름 붙였습니다. ⑩ 심리적 면역체계가 불행을 극복하도록 도와주는 것은 정말 고마운 일인데… 왜 나의 행복까지 방해할까요? 마냥, 끝없이, 영원히 행복할 수 있다면 그것보다 좋은 일은 어디 있다고. 왜 쓸데없이 나서서 쾌락까지 적응시킬까요? 그 이유를 밝히기 위해 타임머신을 타고 먼 과거로 돌아가 봅시다.

🗨 철수 원시인 이야기

지금으로부터 수십~수백만 년 전 인간이 똑똑한 원숭이를 겨우 벗어나 원시인이었을 무렵, 철수 원시인이 살고 있었다. 주변에는 철수를 손쉬운 먹잇감으로 여기는 사자, 늑대 같은 맹수와 뱀, 거미, 전갈 같은 독사, 독충들이 득시글댔다. 철수는 매 순간 생명을 지키기 위해 긴장을 늦추면 안 됐다. 먹을 것도 부족해 매일 목숨을 걸고 사냥을 하거나 열매를 따러 다녀야 했다.

어느 날 철수에게 뛸 듯이 기쁜 일이 생겼다. 2년간 짝사랑한 '영희' 원시인이 고백한 것이다. 철수와 영희는 커플 원시인이 됐다. 철수는 굉장히 감성이 충만한 원시인이었다. 날아갈 듯 들뜬 기분은 한 달이 지나도 식을 줄 몰랐다. 너무나 기쁜 나머지 영희를 껴안고 뽀뽀하는 일만으로 하루 종일을 보냈다. 그런 철수에게 비극이 닥쳐왔다. 영희가 갑자기 이별을 통보한 것이다. 철수는 이유도 모른 채 솔로가 되었다. 철수는 너무 슬픈 나머지 한 달 동안 낙담에 빠져 지냈다.

극적인 기쁨, 슬픔의 파도에 몸을 실고 두 달을 보낸 철수는 아무 일도 못했다. 그저 모아 둔 식량만 축냈다. 사냥도 열매 따기도 소홀히 한 철수에게 어떤 일이 벌어졌을까? 혹은 겨우 마음을 추슬러 사냥에 나섰는데 슬픔에 빠져 달려오는 늑대를 미처 보지 못했다면 어떻게 되었을까?

🗨️ 수철 원시인 이야기

철수와는 딴판인 '수철' 원시인이 있었다. 수철 원시인은 굉장히 냉정하다. 수철이도 똑같이 2년간 짝사랑한 '희영'과 만남과 이별을 겪었다. 하지만 수철은 기쁨에도 이내 일상으로 돌아왔고, 슬픔에도 곧 마음의 평정을 찾았다. 평소처럼 사냥하고 과일을 따고, 맹수나 다른 부족의 침략에 대비해 경계하는 데 소홀함이 없었다.

그렇다면 여기서 문제. 철수와 수철 중 과연 어느 쪽이 더 오래 살아남아 자식들을 더 많이 낳았을까요? 당연히 수철 원시인이겠죠.
아마 철수는 멍하니 있다 맹수의 밥이 됐거나 굶어 죽었을 거예요.

자신의 유전자를 후손에게 퍼뜨리지 못했겠죠. 반면 수철 원시인은 철수보다 더 오래 살고 더 많은 자식들을 낳아 유전자를 널리 퍼뜨렸습니다. 수백만 년 후, 지금 우리는 어느 쪽 유전자를 더 많이 가졌을까요? 당연히 더 많은 자식들을 남긴 수철 원시인일 것입니다. 앞서 새옹지마의 노인도 수철 원시인의 유전자를 물려받은 것이 틀림없어요.

심리적 면역체계는 우리의 행복을 망가뜨리는 주범입니다. 짝사랑하던 남친과 커플이 되었는데도 '곧 질릴 거야.'라며 훼방을 놓아요. 하지만 이 심리적 면역체계의 진짜 목적은 우리를 골탕 먹이려는 것이 아닙니다. 오히려 우리가 안전하게 최대한 오래 생존하도록 돕는 것이 진짜 목적입니다. 그러니 마냥 비난한다면 심리적 면역체계도 좀 억울하겠죠?

인생 한 방으로 평생 행복해지는 일은 애초에 불가능한 미션입니다. 우리는 그렇게 타고났습니다. 그렇다면 평생 행복해지는 일은 영영 불가능한 걸까요? 아니오, '인생 한 방으로 평생 행복해지는 것이 불가능하다.'는 뜻이지 '평생 행복 자체가 불가능하다.'는 말은 아닙니다. 물론 평생 동안 단 한 번의 좌절 없이 행복하려는 것은 욕심이죠. 하지만⋯ 나에게 주어진 행복을 더 자주, 그리고 더 오랜 시간 느끼며 살아가는 것은 가능합니다.

이제부터 본격적으로 우리가 더 자주, 더 오래 행복을 느끼며 살아가는 법을 함께 알아볼까요?

📖 **이 세상에 영원한 것은 아무것도 없다.** - 법정스님

행복의 열쇠,
자아존중감 찾기

02

내 인생의 가장 소중한 벗, 나!

나에 대한 생각이
내 기분을 좌우한다

투사의 법칙

"얘들아! 배고프다. 매점 가자!!"

"정민아, 이제 1교시 끝났는데?"

"아… 몰라…. 빵이 막 당겨…."

"하여간 저 돼지."

"뭐? 너 뭐라고 했어? 돼지? 이게 진짜 죽을래?!!!"

★

"얘들아! 배고프다. 매점 가자!!"

"지원아. 뭐? 이제 1교시 끝났는데?"

"아… 몰라…. 빵이 막 당겨…."

"하여간 저 돼지."

"ㅋㅋ, 맞아, 똥똥 돼지 배 채우러 가즈아!!"

'돼지'라는 말. 정말 듣기만 해도 화가 나는 호칭이요. 정민이가 울컥할 만해요. 그런데 비슷한 상황에서도 지원이처럼 그냥 웃으며 넘어가는 친구가 있는 반면, 정민이처럼 욱하는 친구가 있습니다. 둘의 차이점은 뭘까요? 비밀은 정민, 지원이의 마음속에 있습니다. 두 친구의 마음속으로 들어가 볼게요.

🗨 정민이의 마음속에 들어가 보기

정민이는 자신이 뚱뚱하다는 사실이 늘 신경 쓰였어요. 나름 다이어트도 해봤습니다. 그런데 밤이면 라면이 당기는 걸 어떡하겠어요? 잠자리에 누우면 코에 퍼지는 라면 냄새. 결국 국물까지 싹 비워 버린 후 몰려오는 후회. 그렇게 정민이는 자신의 약한 의지력이 싫었어요. 내려올 줄 모르는 체중계 바늘도 짜증 났습니다. 자신의 두꺼운 다리는 더 미웠고요. 그래서 이렇게 생각하게 됩니다.

난 뚱뚱해, 못생겼어. → 이런 내 모습이 싫어 → 당연히 친구들도 내 뚱뚱한 모습을 비웃고 있을 거야. → 짜증 나!!

이런 생각을 하는 정민이에게 '돼지'는 그냥 지나칠 수 없는 말이었습니다. 나도 모르게 울컥 화가 나고 짜증이 폭발했어요. 정민이가 소심한 성격이었다면 벌컥 화는 못 내도 주눅 들고 내내 우울했을 거예요.

이 과정을 심리학에서는 투사(projection)라고 부릅니다. project란 단어는 뜻이 많은데요. 대표적인 것이 '기획하다'예요. 그리고 '예상하다', '발사하다'란 뜻도 있지요. 재밌게도 두 가지 뜻을 조합하면 심리학에서 쓰이는 '투사'의 뜻을 설명할 수 있습니다.

'내 생각을 친구에게 발사한다,
그래서 남들도 나 같이 생각할 거라고 예상한다.'

즉, 투사란 '남도 나와 똑같이 생각한다고 믿는 심리'입니다.

투사는 '인간이면 누구나 투사를 사용한다.'고 말할 정도로 흔히 쓰이는 심리기제예요. 정민이가 갑자기 싸해진 이유가 바로 이 투사 때문입니다. 정민이는 자신의 뚱뚱한 모습이 싫었어요. 그래서 친구들도 당연히 자기 모습을 비웃을 거라고 예상한 것이지요. 사실 친구는 그저 웃자고 농담을 했을 뿐이었는데도 말이에요.

🗨 지원이의 마음속에 들어가 보기

지원이는 '돼지'라는 말을 듣고도 정민이와 전혀 다른 반응을 보였어요. 왜냐하면 지원이의 마음속은 정민이와는 조금 달랐거든요.

난 뚱뚱해. → 그래도 괜찮아. 뚱뚱한 게 뭐 어때서? 귀여운데 뭘. → 친구들도 신경 안 쓸 거야.

지원이가 '돼지'란 말을 어떻게 웃으며 넘겼는지 눈치채셨나요? 자신이 뚱뚱하다고 생각한 첫 단계는 정민, 지원이 모두 같았습니다. 하지만 다음 단계에서 서로 다른 길을 걷죠.

'그래서 뭐? 난 괜찮은데?'

지원이는 이 생각을 친구에게 투사했어요.

'내가 괜찮으니 당연히 친구도 내 외모를 괜찮다고 생각하고 있을 거야.'

그러니 지원이는 화낼 이유를 찾을 수 없어요. '돼지'란 농담에 맞장구치는 것은 물론 한술 더 떠 스스로를 '돼지'라고 부르며 웃었습니다. 진짜 스스로를 '돼지'라고 생각하지 않았으니까요.

이것이 바로 제가 소개하는 진정한 행복의 첫 번째 열쇠입니다.

당신은 당신 자신을 괜찮다고 생각하나요?

한 걸음 더 나아가 당신은 당신을 좋아하나요?

👆 너 자신을 싫어하는 순간, 온 세상이 너의 적이 된다.
— 랄프 에머슨

나를 정말 좋아할 수 있을까?

'난 도대체 왜 이 모양일까?'

'해봤자 안 될 거야.'

'아무도 날 인정해 주지 않아.'

'나서 봤자 다들 비웃을 거야.'

자기 자신을 싫어하는 사람들이 항상 하는 생각들입니다. 자신을 싫어하면 스스로를 부정적으로 평가하죠. 또한 부정적인 자아상을 주변에 투사해 '친구도, 선생님도 나를 싫어해, 비난할 거야.'라고 생각합니다. 당연히 자신감은 땅에 떨어질 수밖에 없어요. 자신감이 없으니 '새 학년에 단짝 친구 만들기, 중간·기말·모의고사, 짝사랑하는 친구에게 말 걸기' 같이 용기가 필요할 때마다 '나는 실패할 거야.'라는 생각이 먼저 듭니다. 실패가 너무 겁이 나서 남친·여친은 상상 속

의 동물이라고 치부해 버립니다. 간절히 원하는 일을 포기하는 경험
은 더욱 자신감을 빼앗아 갑니다. 이렇게 강화된 부정적인 자아상을
주변에 더 강력하게 투사합니다. '난 내가 싫어.'의 악순환에 빠지는
것이지요.

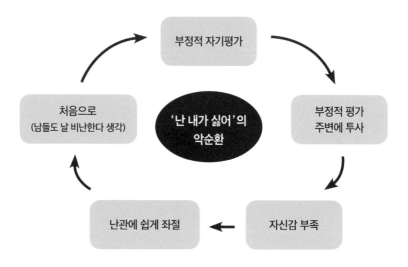

이렇게 나 자신을 싫어한다면 결코 행복해질 수 없어요. 교실에서
친구들과 평범하게 말하는 것조차 쉽지 않게 됩니다. 매일이 우울하
고 불행할 거예요. '난 내가 마음에 들어.'는 행복의 최고, 최우선 조
건입니다. 이 개념을 심리학에서는 이렇게 부릅니다.

자아존중감(self-esteem)
나는 내가 좋아. 나는 존중받을 가치가 있어.

자아존중감이란 나에 대한 애정을 바탕으로 존중받을 가치가 있다는 생각과 마음가짐입니다. 자아존중감(준말: 자존감)은 심리학에서 가장 오래, 많이 다루어진 최고 인기 주제[1]입니다. 2006년까지 미국에서 자아존중감을 중심으로 한 논문, 책, 글들만 해도 23,215건이 될 정도입니다[2]. 이건 미국에서만이니 전 세계적으로는 수십만 개의 연구, 책들이 있을 거예요. 심리학자들은 왜 이렇게 자아존중감을 중요하게 생각했을까요? 그 이유는 수많은 인간의 특성들(건강, 성격, 행동, 행복도 등)이 알고 보니 자아존중감과 아주 깊게 연관되어 있다는 걸 발견했기 때문이에요. 너무 많아서 분류조차 힘들 정도니 잘 따라와 보세요.[3]

건강 부분 : 알코올 중독, 폭식증, 거식증 같은 식이장애, 흡연, 약물중독, 우울증, 불안장애, 공황장애 등 여러 질병들과 자아존중감의 연관성이 발견되었다. 물론 자아존중감이 낮은 사람들이 이 질병을 지닐 확률이 높았다.

능력 부분 : 자아존중감이 높은 사람이 학교 성적, 운동, 공부, 각종 과제, 회사 업무 능력 등 여러 가지 분야의 수행 능력, 전반적인 학습 능력이 높다는 연관성이 발견되었다.

● 　미국 유타대학교의 심리학자 월트로트는 심리학에서 가장 많이 다루어진 연구 주제로 성, 부정적 정서, 자아존중감을 꼽았습니다.

● 　자아존중감과 관련된 참고문헌은 너무 많아서 생략합니다. 대신에 한국학술정보원 연구물 검색 사이트에 나온 자아존중감 검색 결과를 참고해 주세요. 검색한 결과, 학위논문 9640개, 국내 학술지논문 6721개, 연구보고서 204개, 단행본 955개가 검색됩니다.

대인관계 및 학교생활 부분 : 이 부분에서 아동 · 청소년을 대상으로 특히 많은 연구들이 있었다. 자아존중감이 높을수록 매력, 또래 · 대인관계 기술, 대인관계의 양과 질, 학교 적응, 학교생활 만족도가 높았다. 반대로 자아존중감이 낮을수록 반항 행동, 반사회적 행동 비율이 높았다. 또한 자아존중감이 낮은 학생들은 학교에 잘 적응하지 못하고 학교생활 만족도, 또래 관계의 양과 질이 낮았다. 마지막으로 왕따와 학교폭력 피해자들도 자아존중감이 낮았다. 흥미로운 점은 학교폭력 가해자들도 자아존중감이 낮다는 연구들도 많았다.

숨이 찰 정도지요? 대충 추린 것만 해도 이 정도입니다. 이 연구 결과들을 정리해 보자면 자아존중감이 높은 사람은[*] 다음 특성을 보입니다.

신체, 정신 면으로 더 건강하다.

여러 분야에서 뛰어난 실력을 보인다.

남에게 매력적으로 보이고, 여러 친구와 두루 친하게 지내며, 깊게 사귀는 친구도 많다.

---

[*] 인간에 대한 연구 대부분이 그렇듯 심리학도 100%는 없습니다. 항상 예외가 존재합니다. 인간은 모두 다르기 때문입니다. 그래서 심리학 연구는 어느 쪽 확률이 더 높은지 경향성을 조사합니다. 심리학 연구에서 '자아존중감이 높으면 학교 적응도가 높다.'는 말은 보통 통계적으로 95% 이상의 확률과 경향성이 존재한다는 뜻입니다. 95% 이상일 때 과학적, 통계적으로 유의미한 결과라고 인정됩니다. 이 책에 소개한 모든 연구들을 설명할 때 쓰이는 '수치가 높았다, 낮았다, 더 행복했다, 덜 행복했다, 더 뛰어났다.'는 표현 역시 이와 같은 95% 이상의 과학적 통계 검증에 따른 내용임을 알려 드립니다.

왕따나 학교폭력의 피해자는 물론 가해자가 될 확률도 낮다.

학교생활도 잘 적응할 가능성이 높다.

　이렇게 자아존중감과 행복은 떼려야 뗄 수 없습니다. 자존감이 높은 친구가 더 행복할 가능성이 높아요. 반대로 자존감이 낮아 '난 내가 마음에 안 들어.'라고 되뇌고 있다면 건강, 학교생활, 친구관계 등 여러 분야에서 누려야 할 행복을 놓치고 있다는 뜻입니다.

　'어떻게 해야 행복해질 수 있을까요?'라는 질문에 대해 심리학은 수없이 많은 답을 제시했습니다. 그러나 무수히 많은 답 중 단 한 가지만 고르라고 한다면 저는 이렇게 말할 것입니다.

"너를 좋아해 봐. 진심을 다해서."

📋 내가 나를 대하는 태도가
나를 행복하게 또는 불행하게 만든다.

'난 내가 창피해'라고 생각하는
친구들에게

Q 센 척 VS 자아존중감

난 지금 미쳐 가고 있다.
헤드폰에 내 몸과 영혼을 맡겼다.
음악만이 이 나라에서 허락하는
유일한 마약이니까.
이게 바로 지금의 나다.

하하하. 나도 모르게 손발이 오그라들지요? SNS에서 한창 유행했던 문구랍니다. 다들 한번쯤 SNS에 부끄러운 글을 써본 경험이 있을 거예요. 당시엔 심각했지만 시간이 흘러 다시 보면 견딜 수가 없죠. 왜 이런 모습을 보면 웃음이 나올까요? 우리는 무의식적으로 알고 있기 때문입니다. 이 모습이 '센 척'이라는 것을요.

'센 척'하는 진짜 이유는 나를 부풀려 보이고 싶기 때문입니다. '센 척'에는 '이렇게라도 하지 않으면 나를 인정해 주지 않을 거야.'라는 두려움이 숨어 있습니다. 이렇게 속이 빈 '센 척'을 허세라고 부르죠. 반면 내면이 정말 '센' 사람은 스스로 강하다는 걸 알고 있기 때문에 굳이 과시할 필요가 없습니다. 즉 허세와 자아존중감은 다릅니다.

🗨 자신감 VS 자아존중감

허세와 더불어 자존감과 혼동되는 단어가 또 있습니다. 바로 '능력'이에요. 우리나라 No.1 축구선수 손흥민, 최고 부자 이재용. 두 분 모두 굉장한 능력을 가진 사람들이죠. 이 사람들은 각자 분야에서 자신감이 높을 것이 분명합니다. 그런데 이 둘의 자존감도 높을까요? 제 대답은 '모른다.'입니다. 자존감은 능력에서 비롯되는 자신감과는 다른 개념이기 때문입니다. 능력에서 비롯되는 자신감은 상황, 장소에 따라 변합니다.

국민 영웅 손흥민도 메시 앞에서는 축구하는 청년.
한국 최고 부자 이재용도 세계 최고 부자 빌 게이츠 앞에서는 중소기업 사장.

평범한 사람도 마찬가지예요. 처음 해외여행을 떠나 태국 공항 한가운데 혼자 서 있다고 생각해 봅시다. 이런 생각이 들지 않을까요? '모두 나랑 다르게 생겼어. 한국말도 영어도 안 통해. 어떻게 해야 하지?'

자신감은 이렇게 주변 상황과 사람에 따라 곤두박질칩니다. 상황이

변하면 다시 높아지기도 하죠. 그러나 자존감은 달라요. 자존감은 '나는 내가 마음에 들어'라는 스스로에 대한 애정을 바탕으로 한 생각, 정서입니다. 애정은 '제 눈에 안경˚, 고슴도치도 자기 새끼는 예쁘다.'는 말처럼 논리나 주변 상황, 남들의 말에 영향을 받지 않습니다. 그 어떤 역경도 로미오와 줄리엣의 사랑을 막지 못한 것처럼, 자아존중감 역시 어지간한 충격에는 미동도 하지 않는 '안정적인 심리특성'입니다.

그런데 자신감과 자존감은 자주 혼동됩니다. 특히 자존감이 낮은 친구들이 이렇게 자신감과 자존감을 뭉뚱그려 생각하지요.

'나는 능력(성적, 인기, 운동, 유머감각 등)이 부족해 자존감이 낮아.'

하지만 능력의 상대평가인 '자신감'과 나에 대한 애정인 '자존감'은 다른 개념입니다. 그런데도 능력 때문에 스스로를 좋아하는 마음이, 좋아하니까 존중받아야 할 나의 가치가 떨어진다고 생각합니다. 이런 착각이 널리 퍼지는 데는 우리의 성장환경 탓이 큽니다.

'너는 전교 1등이니 훌륭한 사람이 될 거야.'
'옆집 정희는 서울대에 합격했대. 정말 대단한 아이야.'
'나는 의사이니 존경받을 만한 가치가 있는 인간이야.'
'연봉이 1억이래! 멋지네.'

● **제 눈에 안경** 보잘것없는 물건이라도 제 마음에 들면 좋게 보인다는 관용어. 출처: 표준국어대사전.

슬프게도 너무 익숙한 말들이죠? 우리나라에서는 행동이나 성과로 인간 자체를 평가하는 문화가 있습니다. 전 세계 어디나 이런 경향이 있긴 하지만 우리나라는 유독 심한 편이죠. 성적, 직업, 심지어 돈으로 사람의 가치를 매깁니다. 혹시 여러분도 '당연한 일 아니야?'라고 생각하지는 않았나요? 그렇다면 당신도 착각에 빠져 있는 것입니다. 이 생각이 얼마나 황당한 소리인지 살펴볼게요. 방법은 간단합니다. 이 말들을 뒤집어 봅시다.

'너는 전교 1등이 아니니 별것 아니야.'

'옆집 정희는 서울대에 못 갔어. 정말 창피하겠다.'

'나는 의사가 아니니 존경받을 가치가 없는 인간이야.'

'연봉이 1억이 안 돼. 멋없다.'

말도 안 되지요? 이렇게 곰곰이 생각해 보면 능력으로 인간의 가치를 평가하는 것은 참 우스꽝스러운 일이라는 걸 알 수 있습니다.

자신감은 '할 수 있다.'는 능력에 대한 믿음,
자존감은 '할 수 없어도' 있는 그대로의 나를 좋아하는 애정.

나는 내 행동이 아니다

행동이나 성과로 인간 자체를 평가하는 것은 우스운 일입니다. 바로 다음과 같은 이유에서입니다.

기능은 평생 고정되어 있지 않다

성적, 직업, 돈을 버는 능력까지 노력에 따라 얼마든지 변화하고 성장해요. 지금 눈앞의 과제에 실패했더라도 언제든 다음 기회가 있습니다. 오히려 실패는 나의 어떤 점이 부족했는지 알 수 있는 절호의 기회입니다. 그렇기에 실패는 성공을 위한 최고의 준비 과정이라고 할 수 있습니다.

능력은 당신을 보여 주는 퍼즐 한 조각일 뿐이다

공부만 잘하면 훌륭한 학생일까요? 학생이 추구해야 할 가치는 공부만이 아닙니다. 친구를 아끼는 마음, 잘못된 행동에 나설 줄 아는 정의감, 성실함 등…. 훌륭한 학생의 덕목 중 성적은 한 가지 조건일 뿐입니다.

돈만 잘 번다고 훌륭한 직업일까요? 그러면 은행 강도가 가장 훌륭한 직업이겠죠. 일의 재미, 적성, 일과 사생활의 균형, 사람들에게 끼치는 영향, 사회 공헌도 등 좋은 직업의 평가 기준은 수십 가지입니다.

한 가지 조건만으로 훌륭한 학생, 좋은 직업을 평가하는 것도 웃기는 일인데, 한 가지 기준으로 당신 전부를 평가하는 일은 어불성설(語不成說, 말이 조금도 사리에 맞지 아니함)입니다. 당신은 수십 가지 얼굴을 가진 존재이기 때문입니다. 학생이면서 누군가의 딸, 아들, 오빠, 누나, 동생, 친구이며 누군가의 애인입니다. 그때마다 다른 얼굴로 변신하지요.

또한 여러분은 성적, 학벌, 외모 말고도 유머감각, 요리실력, 운동신경, 그림실력, 글재주, 게임실력, 가족을 사랑하는 마음, 친구를 아끼는 마음 등 자신을 표현할 수많은 개성들이 있습니다.

비유하자면 여러분은 조각 10000개로 이루어진 퍼즐입니다. 그런데 10000개 퍼즐 조각 중 고작 2, 3개를 보더니 '이거 별로네'라고 지적하는 사람이 있다면 이렇게 대꾸해 주세요.

"그렇게 말하는 네 안목이 별로네."

당신의 능력과 인간적인 가치는 다르다

이것은 가장 중요하고 근본적으로 부정할 수 없는 명제입니다. 능력과 인간적인 가치는 관계가 없어요. 성적, 학벌, 직업, 외모, 말실력, IQ, 연봉, 운동실력, 친구들 사이의 인기 등은 그저 당신이 가진 기능들 중 하나일 뿐입니다.

메시는 최고의 축구선수예요. 하지만 훌륭한 인간일까요? 알 수 없습니다. 돈은 설명할 필요도 없죠. 돈은 있으면 편리한 물건일 뿐, 그 사람의 가치에 대해 그 무엇도 설명하지 못합니다. 한 번 소리 내어 외쳐 보세요.

"나는 내 수학 점수다. 나는 내 용돈이다. 나는 내 외모다."

말도 안 되지요? 당신은 당신의 능력이 아닙니다. 당신은 행동이 아닙니다. 독일의 대철학자 임마누엘 칸트(Immanuel Kant)는 이 생각을 이렇게 표현했습니다.

"너와 타인을 목적으로 대우하라. 결코 수단으로 대우하지 마라."

이 말만큼 진정한 자존감의 본질을 잘 표현한 구절은 없다고 생각합니다. 모든 인간은 수단이 아니라 그 자체로 목적입니다.

신상품을 배달해 주는 택배기사님은 택배를 위한 도구가 아닙니다. 부모님도 밥 짓는, 돈 버는 도구가 아니지요. 당신도 공부하기 위한 도구가 아닙니다. 당신은 당신입니다. 당신 자체가 수단이 아닌 목적입니다.

몇몇 행동, 능력을 기준으로 다른 사람을 평가해서는 안 됩니다.

'민호는 공부를 못해. 서준이는 집이 가난해. 그러니 별로야.'

만약 이런 기준으로 남들을 평가하고 있다면… 어느새 똑같은 방식으로 스스로를 평가하는 당신을 발견하게 될 거예요.

'난 공부를 못하니, 난 아싸이니, 난 내가 창피해.' 이렇게요.

성적, 용돈 때문에 잠시 자신감을 잃을 수는 있어요. 자신감은 상황에 따라 변하기 때문입니다. 하지만 그것으로 당신 자체를 비난하지 마세요.

> 성적은 성적, 학벌은 학벌, 돈은 돈, 직업은 직업이다.
> 그 무엇도 그대는 아니다.
> 그대들은 언제나 저마다의 의미를 품고 태어난 존재이다.
> - BTS, RM

'이것도 하고 저것도 해내야' 내가 맘에 들어
가치의 조건화 이론

내 외모가 바로 나다.

내 성적이 바로 나의 가치다.

내 스마트폰이 내 얼굴이다.

내가 어떤 친구와 친하냐가 날 대변해 준다.

틀린 줄 알면서도, 이건 아닌데… 하면서도 어느새 자신, 친구, 가족들을 평가하고 비웃은 경험이 있나요? 우리는 행동으로 남과 나를 평가하는 습관이 있습니다. 왜 이런 습관을 가지게 되었을까요?

우리가 어린 시절부터 들어온 가족의 잔소리입니다. 그런데 이런 잔소리를 가족만 하는 건 아니죠.

10대 꿈을 위해 공부에 미쳐라.

20대 공부에 미쳐라.

30대 다시 공부에 미쳐라.

40대 공부 다시 시작하라.

(마지막으로 제일 충격적인 제목) 공부하다 죽어라.

이것은 실제로 서점에서 팔리는 책의 제목입니다. 우리 사회가 얼마나 공부에 집착하는지 알 수 있겠지요? 우리는 말을 알아듣는 때부터, 가족과 사회의 잔소리에 갇혀 삽니다. 이런 생각을 강화시켜 주는 것은 잔소리만이 아닙니다.

100점 받으면 원하는 것을 사줄게.
등수가 올랐네. 우리 딸 최고!
몽클레어! 짱 예쁘다.

잔소리뿐 아니라 칭찬도 한몫합니다. 좋은 성적, 비싼 물건 때문에 주변이 나를 칭찬해 주고, 부러워합니다. 그럴 때마다 우리는 기쁨과 만족을 느끼지요. 미국 시카고대학교의 인간주의 상담학의 창시자 칼 로저스(Carl Rogers)는 잔소리와 칭찬에 적응되는 과정을 이렇게 표현했습니다 .

가치의 조건화(Condition of Worth)
내가 바라는 사람이 되어야 나는 너를 사랑하고 인정할 것이다.

우리 사회는 조용히 공부를 잘하는 학생을 원합니다. 얌전하고 성적이 좋다면 주변에서 따뜻한 눈빛, 칭찬, 격려를 받지요. 당연히 '나는 괜찮은 사람이구나.'라는 긍정적인 자아상을 갖습니다. 문제는 반대의 경우예요. 활발하고 공부에 취미가 없다면 냉담한 눈빛과 잔소리가 쏟아집니다. 그로 인해 '나는 이상해. 문제가 있어.'라는 부정적인 자아상이 생겨납니다. 이 과정에 익숙해진 우리는 어느새 누군가의 가치를 판단할 때 '얌전해야, 공부를 잘해야, 예쁘고 잘생겨야, 돈이 많아야 가치 있다.' 같은 조건을 붙이게 되지요.

이렇게 가치에 조건을 다는 것이 내면화됩니다. 그래서 누가 뭐라 하지 않았는데도 '나는 왜 이렇게 못났을까' 하며 스스로를 비난합니다. 이에 대해 로저스는 이렇게 말합니다.

"가치의 조건화가 모든 심리적 고통의 원인이다."

🖐 당신만 스스로를 비난하는 것은 아니다. 누구나 스스로를 비난한다. 당신이 이상해서가 아니다. 우리는 그렇게 훈련받아 왔기 때문이다.

76

온갖 비난에서 나를 구원해 줄 단 한 사람

당신의 괴로움은 당신이 잘못된 탓이 아닙니다. 그릇된 가치를 주입한 사회와 어른들의 잘못이 큽니다. '나는 왜 이 모양일까?' 싶어 힘들어 한다면 어른으로서 진심으로 미안합니다.

노력보다 결과를, 개성보다 외모를, 내면의 아름다움보다 돈을 더 가치 있게 여기는 상황을 앞으로도 수없이 겪을 거예요. 그때마다 여러분은 스스로를 조금씩 더 미워하게 될지도 모릅니다. 하지만 걱정 마세요. 아무리 힘들고 거친 세상이어도 당신을 구원해 줄 한 사람이 있습니다.

그 사람이 누구인지 영국 드라마의 한 장면을 통해 소개하겠습니다. 이 드라마의 제목은 'My mad fat diray(내 미친 듯이 뚱뚱한 10대 일기)'입니다. 주인공 이름은 레이 얼(Rae Earl), 4개월 동안 정신병원에 입원했다가 퇴원해 막 집에 온 16살 소녀입니다. 몸무게가 세 자리 수를 넘을 만큼 뚱뚱하죠. 더구나 아버지도 없고, 친구관계는 엉망이고, 성적까지 나쁩니다. 가치의 조건화에 짓눌리기에 최고의 환경이죠.

레이는 끊임없이 자신을 비난합니다. 길에서 사람과 눈만 마주쳐도 "넌 뚱뚱해, 돼지야, 보기 역겨워." 같은 환청이 들릴 정도예요. 이런 레이에게 친구를 사귀는 건 번지점프만큼 긴장되는 일입니다. 그래서 레이는 자신을 가장 안전한 집 안에 가둡니다. 문을 걸어 잠그고 끊임없이 먹고 또 먹었습니다. 뚱뚱해지는 자신을 보며 비난하고, 분노하고 심지어 스스로를 때리고, 칼로 베는 자해까지 하고 맙니다. 결국 정신병원에 입원하지요.

죽고 싶을 만큼 엉망진창이 된 레이는 상담치료사 캐스터를 찾습니다. 자존감이 아예 없다시피 한 레이에게 캐스터의 목소리는 닿지 않습니다. 레이가 하는 대답은 항상 똑같았습니다.

"선생님, 전 정말 끔찍한 사람이에요. 저는 항상 모든 것을 망쳐요. 가족도, 친구도."

지금부터 레이와 캐스터의 대화*를 소개할게요. 이 대화를 통해 당신을 구원해 줄 그 사람도 찾을 수 있을 거예요.

● My mad fat diray의 내용을 바탕으로 이 글의 주제에 맞게 각색한 대화입니다.

"엄마가 물어봤어요. 넌 나와 잘해 볼 생각은 있냐고? 제가 어떻게 대답한지 아세요? '알 게 뭐야. 전혀 관심 없어.'라고 했죠. 이 말은 진심이에요. 엄마고 뭐고 귀찮아요. 모든 것에 화가 나요. 전 미쳤어요. 모두에게 짐만 돼요."

"넌 미치지 않았단다."

"……."

"그리고 엄마에게 좋은 딸이 되고 싶다면 그 시작점은 네가 되어야 해."

"선생님 말씀대로 저도 절 좋아해 보려고 노력했어요."

"아니, 넌 항상 스스로 얼마나 나쁜 사람인지 설명하려 했어. 지금도 엄마 이야기를 하며 자신을 비난하잖니. '내 자신이 끔찍해요.'라는 생각을 증명하기 위해 넌 엄마도, 친구도 이용하고 있는 거야."

레이의 얼굴이 순식간에 분노로 뒤덮였다.

"그래요. 전 제가 끔찍해요. 그런데 선생님은 항상 '자신을 사랑해야 해'라고만 말해요. 수개월간. 만날 때마다 똑같은 말만 되풀이하잖아요! 말만 하면 뭐해요. 정작 선생님은 어떻게 해야 날 좋아할 수 있는지 방법은 알려 주지 않았어요. 언제, 어디서, 어떻게, 뭘 해야 하는지, 단 한 번도 밀해 준 직 없다고요!"

레이가 분노를 쏟아 내자 캐스터의 얼굴에 당혹스런 빛이 스쳤다. 둘 사이에 침묵만 흐른다. 눈을 감은 캐스터는 무언가 결심한 듯 말했다.

"그럼 해보자."

"네?"

"내일도, 다음번도 아닌 지금 당장 시작해 보자. 눈을 감아."

레이는 황당한 표정으로 코웃음을 쳤지만 진지한 캐스터의 표정에 못 이기는 척 눈을 감았다.

"지금 나한테 자신의 무엇이 싫은지 말해 봐. 머리 굴릴 생각 말고, 있는 그대로 솔직하게."

"알잖아요? 전 뚱뚱해요. 못생겼고요."

"그리고?"

"그리고 모든 걸 망쳐요. 친구, 엄마까지도"

"그래. 그럼 언제부터 그런 느낌을 가졌는지 생각해 보자. 몇 살부터였니?"

"모르겠어요. 8살, 9살 정도일 거예요."

"그렇다면 무척 오래된 생각이구나. 그럼 이제 눈을 떠라. 그리고 지금부터 내가 시키는 대로 해. 8살인 너를 상상해 봐. 그 아이는 지금 저 소파에 앉아 있다."

캐스터의 손가락이 소파를 가리켰다. 소파에는 한 소녀가 앉아 있다. 무심한 표정이었다.

"그 소녀는 자기가 뚱뚱하고, 못생기고, 또 창피하다고 처음으로 생각했어."

소녀의 얼굴에 그늘이 드리워졌다.

"그럼. 이제 저 애에게 말해 보렴. 넌 뚱뚱해."

레이의 두 눈이 휘둥그레졌다.

"저 어린애에게 말해. 넌 못생겼어."

"……싫어요."

"아니, 해야 돼. 저 애한테 넌 창피해, 넌 아무 가치 없다고 말해 봐."

"하기 싫어요."

"넌 아무데도 쓸데없다고 말해 봐. 바로 그게 네가 스스로에게 하는 말이지 않니. 매일같이 널 그렇게 설득하잖아! 난 창피하고 쓸모없다고!!!"

"……."

"저 애가 정말 못생겼니?'

"아니오."

"아니라고? 그럼 뚱뚱하니?"

"아니에요!"

레이는 목소리를 높이며 울먹였다.

"아니라고? 그럼 멍청하고 창피하구나?!"

"그만! 그만 좀 하라고요! 아니에요!!"

"……."

"아니야. 아니라니까."

레이는 흐느끼며 중얼댔다. 캐스터는 레이의 흐느낌이 잦아들길 기다렸나. 한참 뒤에야 레이는 입을 열었다.

"그럼 넌 저 아이에게 뭐라고 말해 주고 싶니? 만약 저 애가 '난 뚱뚱하고 쓸모없는 아이예요.'라고 말한다면 넌 뭐라고 대답할 거니?'

얼굴을 든 레이 앞에 고개 숙인 소녀가 있었다. 소녀는 흘끔 레이를 훔쳐보았다. 레이는 소녀를 안타까운 표정으로 한참 바라보았다.

"…괜찮아. 고개 들어도 돼. 넌 지금 그대로도 괜찮아…. 충분해."

"바로 그게 스스로에게 해야 할 말이야. 네가 무섭고 불안할 때마다 네가 너를 달래야 해."

"……."

"지금 저 소녀를 달랬던 것처럼."

조금이지만 소녀는 고개를 들었다. 레이는 소녀에게 미소를 지었다.

"응. 괜찮아. 모두 괜찮을 거야."

소녀의 눈에도 레이처럼 눈물이 고였다.

"그래. 네 자신에게 말해 주렴. 괜찮을 거라고. 네가 그렇게 할 수 있다고, 노력한다고 약속한다면…. 내가 보증하마. 넌 어떤 것과도 맞닥뜨릴 수 있어. 그러니 지금 당장 시작하자. 다음번도, 내일도 아닌. 지금 여기서.'

'뚱뚱해. 못생겼어. 멍청해. 그러니 너는 쓸모없어.'

우리 사회가, 어른들이 주입한 가치관에 빠져 스스로를 비난하는 레이. 그런 레이를 구원해 줄 사람이 나타났어요. 누굴까요? 캐스터 선생님? 아닙니다. 캐스터 선생님은 구원자를 소개시켜 줬을 뿐이죠. 캐스터가 소개해 준 구원자는 바로 레이 자신이에요. 그리고 제가 소개해 줄 구원자 역시 같습니다.

당신을 구해 줄 유일한 구원자는 바로 당신입니다.

어른들이 만들어 놓은 가치의 조건화를 스스로 걷어차 버리세요. 어릴 때야 어쩔 수 없었겠지만 이제는 스스로 생각하고, 판단할 수 있습니다. 스스로를 좋아하는 데 조건을 붙이지 마세요. '살이 빠지면,

등수가 높으면, 연애를 하면, 엄마, 아빠가 인정해 주면, 친구들이 좋아해 주면 나는 괜찮아.'와 같이 '괜찮은 사람' 앞에 조건이 붙는 순간 행복은 도망가 버릴 거예요. 남들이 뭐라 하면? "그래서 뭐? 어쩌라고?"하고 답하세요. 그 누가 뭐라던 당신만은 스스로에게 이렇게 말해 주세요.

"지금 그대로도 괜찮아 ……. 충분해."

언제 어디서든 손을 내밀어 줄 사람이 있다.
그건 나 자신이다.
그래서 자신을 긍정하는 것은 평생에 걸친 연애의 시작이고
모든 행복의 출발점이다.

나는 성공한 걸까?
실패한 걸까?

행복이와 불행이들이 성공과 실패를 받아들이는 방식 비교 실험

가치의 조건화를 벗어날 수 있는 방법을 흥미로운 심리학 실험 [2]을 통해 소개할게요. 굉장히 재미있으니 기대해 주세요. 캘리포니아대학교의 심리학자 소냐 류보머스키(Sonja Lyubomirsky)와 스탠포드대학교의 리 로스(Lee Ross)는 스탠포드대학교에 공고문을 냈습니다.

"6~7세 아동을 가르치는 수업 기술에 관한 실험을 실시합니다. 스탠포드 대학생들의 많은 참여를 부탁드립니다."

여기에 대학생 81명이 지원했고, 본격적인 실험에 앞서 81명의 참가자들은 다음 심리검사를 받았습니다.

- 현재 기분
- 현재 느끼는 자신감

- 평소에 얼마나 행복한지

'수업 기술 실험에 웬 기분, 자신감, 행복감?'이라는 생각이 들지요? 네, 수업 기술 실험은 새빨간 거짓말입니다. 진짜 실험의 목적이 과연 무엇인지 함께 추리하며 쫓아가 봅시다. 류보머스키는 '평소 얼마나 행복한지'를 바탕으로 참가자들을 평소 행복하다고 느끼는 A 그룹, 불행하다고 느끼는 B 그룹으로 나눕니다. 물론 참가자들은 자기가 행복한 사람, 불행한 사람으로 나뉘었는지 까맣게 모릅니다. 류보머스키는 참가자를 둘씩 짝지어 실험실로 부릅니다.

"안녕하세요. 시간을 아끼기 위해 실험은 두 명씩 진행할게요. 한 분은 빨간 티셔츠를 입고, 한 분은 녹색 티셔츠를 입습니다. 수업은 각자 다른 방에서 한 명씩 실시합니다. 이번 실험은 참가자들이 6~7세 아이들을 상대로 얼마나 잘 가르칠 수 있는지 교수 능력을 연구하는 것이 목적입니다. 여기선 안 보이지만 저 앞쪽 스크린 건너편에는 교육 전문가들이 앉아 있어요. 그들이 참가자의 수업을 보면서 실시간으로 평가합니다. 또한 참가자의 수업은 평가를 위해 녹화도 됩니다. 자 그럼, 교수 상황을 알려 드릴게요.

철수가 영희의 장난감을 허락도 받지 않고 가지고 놀았습니다. 그러다 실수로 장난감이 부서졌어요. 영희는 무척 화났습니다. 앞에 손가락 인형 두 개가 놓여 있죠? 하나가 철수, 하나가 영희입니다. 이 손가락 인형을 사용해 철수와 영희의 다툼을 어떻게 해결하면 좋을지 보여 주어야 합니다. 앞 스크린에 6, 7세 아이들이 보고 있다고 생각하고 수업 5분을 해주세요. 준비시간을 2분 드립니다."

이 안내에는 두 가지 거짓말이 숨어 있습니다. 첫째, 스크린 건너편에는 아무도 없어요. 참가자들의 수업 역시 녹화되고 있지 않고요. 이 모든 것은 참가자들이 '평가받고 있다'고 의식하게 만들기 위한 거짓말입니다.

둘째, 녹색 티셔츠는 없었어요. 모두 다 빨간 티셔츠를 입고 수업을 진행했거든요. 하지만 참가자들은 '내 짝은 녹색 티셔츠를 입었겠네.' 라고 생각했죠. 이는 참가자들에게 '나는 짝과 비교되고 있구나.'라고 의식하게 만들려는 거짓말입니다.

5분 수업이 끝난 후 류보머스키는 참가자들을 한 명씩 부릅니다. 평가 내용을 알려 주기 위해서지요. 6, 7세 아이들과 의사소통 능력은 어떠했고 주의를 집중하게 하는 기술, 이해시키는 능력은 어떠했는지 등, 무척 상세한 평가 앞에서 참가자들은 긴장하고 경청할 수밖에 없었습니다. 하지만 모두 그럴 듯한 연극이었죠. 평가 결과는 참가자의 수업과 전혀 관련이 없었습니다. 류보머스키 마음대로 평가를 전했을 뿐이에요. 상세한 헛소리를 걷어 내면 류보머스키가 제시한 평가 결과는 네 종류였습니다. 점수가 높은지 낮은지, 그리고 짝보다 잘했는지 못했는지.

성공

1. 점수 매우 높음. 짝과 비교 없음.
2. 점수 매우 높음. 그런데 짝이 더 잘함.

실패

3. 점수 매우 낮음. 짝과 비교 없음.

4. 점수 매우 낮음. 그런데 내가 짝보다 더 잘함.

류보머스키는 이 네 가지 평가 결과를 알려 준 후 참가자들의 기분과 자신감을 다시 측정합니다. 이로서 류보머스키는 평가 전, 후 참가자들의 기분과 자신감이 어떻게 변했는지에 대한 데이터를 얻었습니다. 이렇게 실험은 모두 종료됩니다.

물론 실험이 끝난 후 "속여서 미안해요. 사실 이 실험은 이런 실험이었답니다."라며 실험의 의도를 자세히 설명해 주고 실험 데이터를 사용해도 될지 허락을 받았지요. 만약 참가자가 기분이 상해서 "내 결과는 빼주시오!"라고 말하면 그 데이터는 폐기됩니다. 이것이 현대 심리학자들이 지켜야 하는 연구윤리예요. 그러니 심리학자들을 사기꾼이라고 너무 욕하지는 말자고요.

이 실험을 통해 류보머스키가 알고 싶었던 심리가 무엇인지 눈치채셨나요? 함께 답을 추리해 봅시다. "시간을 줄이기 위해 둘씩 한꺼번에 신행합니다."라고 한 말 기억하지요? 이 기짓말은 '짝과 비교되고 있다'는 착각을 불러일으키기 위한 거예요. 그리고 또 한 가지. 실험 시작 전 조사를 통해 평소 행복하다고 느끼는 A 그룹과 불행한 집단 B 그룹으로 나눈 것을 기억하시지요? 이 두 가지 조건을 조합하면 연극의 진짜 목적이 나옵니다.

"행복한 사람과 불행한 사람은

상대방과의 비교 평가를 어떻게 받아들일까?"

자, 지금부터 결과입니다. 조금 복잡하지만 천천히 따라오면 무척 놀라운 사실을 목격할 것입니다. 먼저 평소 행복하다고 느낀 참가자부터 살펴볼게요. A 그룹은 편의를 위해 행복이로 부르겠습니다.

결과1. 평소 행복한 참가자들(행복이들)

성공	① 점수 매우 높음. 비교 X → 기쁨, 자신감 상승. ② 점수 매우 높음. 그런데 짝이 나보다 더 잘함. → 기쁨, 자신감 상승.

실패	③ 점수 매우 낮음. 비교 X → 매우 슬픔, 자신감 비슷함. ④ 점수 매우 낮음. 그런데 짝보다 내가 더 잘함. → 조금 슬픔, 자신감 비슷함.

행복이들의 결과는 간단합니다. 성공하니 기뻐하고 자신감도 상승했어요. 그리고 실패했을 때 슬퍼합니다. 그 대신 실패해도 자신감은 조금 낮아지거나 비슷했습니다.

여기서 주목할 것은 ②번 결과입니다. 짝이 나보다 잘했어도 내 점수가 높으니 행복이들은 기뻐했어요. 재미있는 점은 ④번 결과예요.

실패했지만 짝보다는 점수가 좋다고 했을 때 행복이는 조금 덜 슬퍼합니다. 다들 비슷한 경험이 있을 거예요. 내 점수가 50점이라 슬픈데 내 짝 점수를 훔쳐보니 30점일 때 저절로 얼굴에 미소가 떠오르지요?

하지만 이 점은 기억하세요. 행복이들은 '실패 앞에서 모두 슬퍼했습니다.'

그럼 다음은 평소 불행하다고 느꼈던 참가자들의 실험결과를 살펴보겠습니다. 편의를 위해 불행이라고 칭합니다.

결과 2. 평소 불행한 참가자(불행이들)

| 성공 | ① 점수 매우 높음. 비교 X
→ 기쁨, 자신감 크게 상승.
② 점수 매우 높음. 그런데 짝이 더 잘함.
→ 조금 슬픔, 자신감 극히 조금 상승. |

| 실패 | ③ 점수 매우 낮음. 비교 X
→ 조금 슬픔, 자신감 비슷함.
④ 점수 매우 낮음. 그런데 짝보다 내가 더 잘함.
→ 기쁨, 자신감 상승. |

성공했을 때 기뻐하고 실패했을 때 슬퍼한 행복이와 결과가 다르지요? 불행이들의 심리는 조금 더 복잡합니다. 1)번 성공했을 때의 결과 먼저 살펴봅시다. 불행이들도 성공했을 때 기뻐하고 자신감이 상승합니다. 그런데 짝과 비교하자 불행이들의 마음이 확 달라집니다.

② "당신 점수가 매우 높지만 짝보다는 낮아요."라고 들은 불행이들은 슬퍼합니다. 자신감은 덜 상승합니다.

이번에는 2)번 실패했을 때를 볼까요? 불행이도 실패 앞에서 슬퍼합니다. 그런데 이번에도 짝과 비교하자 불행이들의 마음이 달라집니다. ④ "당신 점수가 매우 낮지만 짝보다는 높아요."라고 들은 불행이들은 오히려 기뻐합니다. 심지어 자신감도 상승했습니다.

		행복이들	불행이들
성공	점수 높음	기쁨 자신감 상승	기쁨 자신감 크게 상승
	점수 높음 짝보다 ↓	기쁨 자신감 상승	조금 슬픔 자신감 조금 상승
실패	점수 낮음	매우 슬픔 자신감 비슷함	조금 슬픔 자신감 비슷함
	점수 낮음 짝보다 ↑	조금 슬픔 자신감 비슷함	기쁨 자신감 상승

색칠된 부분을 보면 결과는 충격적입니다. 행복이의 결과는 상식적이지요. 성공하면 기뻐하고 실패하면 슬퍼합니다. 그런데 불행이는…

성공했는데도 ☹. 짝보다는 점수가 낮다는 이유로.

실패했는데도 ☺. 짝보다는 잘했다는 이유로.

이 결과를 조합하면 말도 안 되는 명제가 성립됩니다.

"불행이들은 성공보다 실패에 더 기뻐하고 자신감도 상승한다."

📋 행복한 사람들은 자신의 성공이 중요하다.
불행한 사람들은 나보다 남들의 성공이 더 중요하다.

행복이와 불행이의
두 번째 비교 실험

"불행이는 성공보다 실패했을 때 더 기뻐하고 자신감이 상승한다."
앞뒤가 안 맞는 말이지요? 그런데 말이 됩니다. 불행이에게 자신의
성공과 실패는 중요치 않기 때문입니다. 그보다 더 불행이에게 중요
한 것은 따로 있었습니다.

"자신의 성공보다 주변 사람이 나보다 더 잘했는지,
못했는지가 더 중요하다. 그래서 주변의 결과에 따라
자신의 성공보다 실패에 더 기뻐하고 자신감도 상승한다."

믿기지 않겠지만 과학적으로 증명된 인간심리의 특징입니다. 아,
인간심리가 아니라 불행한 사람들의 심리특징이지요. 불행한 사람들
에게 내 땅이 얼마큼인지는 중요치 않습니다. 문제는 '사촌이 땅을 얼
마나 샀는가?'입니다. 자기 성적이 엉망이라도 짝이 더 못하면 기뻐

합니다. 즉, 불행이의 기쁨과 슬픔의 기준은 '타인'입니다.

사실 우리 모두는 조금씩 불행이와 닮아 있습니다. 좋은 성적이란 친구들보다 높은 등수라고 배웠습니다. 점수가 꽤 올랐는데도 형제나 친구의 100점과 비교당해 혼나기도 했지요. 누가 시키지 않아도 어느새 '너보단 내가 낫지.'에 집착합니다. 하지만 명심하세요. 실험에서 봤듯이 타인과 자신을 비교하는 사람은 '평소 불행하다.'라고 답했던 불행이들입니다.

이에 대해 류보머스키는 이렇게 말합니다.

"자신 내부의 기준으로 판단하는 사람들이 행복하다.
이 사람들은 바깥의 평가나 타인과의 비교에 휘둘릴 가능성이 적다.
반면 자신을 외부 기준으로 판단하는 사람들은 불행하다.
이 사람들은 바깥의 평가나 타인과의 비교에 휘둘린다."

'난 왜 이렇게 못났을까, 난 왜 계속 실패만 할까?'하는 생각에 슬프고 우울하다면, 그래서 자존감이 바닥이라면, 내 마음속을 먼저 살펴봅시다. 어떤 기준으로 실패를 판단했나요? 혹시 친구와 비교했나요? 부모님이 제시한 기준과 비교한 것은 아닌가요?

'아싸, 내가 해냈어.'라고 기뻐할 때도 마찬가지입니다. 혹시 친구를 이겼다는 이유만으로 기뻐한 건 아닌가요? 그랬다면 당신은 평소 나는 참 불행하다고 느낄 가능성이 높습니다. 친구의 성적, 외모, 인기 등을 끊임없이 비교하며 그 아이보다 조금이라도 나아야 안심되는 사람, 남의 평가, 뒷담화에 자기 가치를 맡기는 사람은 불행합니다. '주변이 나를 어떻게 생각할까?'를 과도하게 신경 쓰기 때문이지요. 대한민국 최고 축구 선수 손흥민도 세계적인 축구 선수 호날두와 비교만 한다면 불행한 것처럼 말이죠.

그런 생각이 들 때는 "이제 그만!!"이라고 외쳐 보세요. 그 대신 성공과 실패의 기준을 스스로 정해 보세요.

'내가 잘한 건가?'

- 나는 영희보다 잘했어. (X)

- 엄마가 나보고 잘했으니 성공이야. (X)

- 70점이 넘었네. 난 잘했어. (O)

- 몸무게가 1kg 감량. 성공했어! (O)

- 누가 뭐라건 나는 내 오똑한 코가 마음에 들어. (O)

당신의 성공과 실패를 남의 손에 넘기지 마세요. 당신의 성공을 결정하는 건 누구도 아닌 바로 당신이어야 합니다.

> 불행한 사람은 성공의 기준을 남의 손에 맡긴다.
> 행복한 사람은 성공의 기준을 자기 손으로 정한다.

소년이여 큰 꿈을 꾸지 말자!

자아존중감을 나타내는 수학 공식

Boys be ambitious! (소년이여! 큰 꿈을 꾸어라!)

인생을 걸고 도전해라!

세계 지도보다 더 큰 꿈을 가져라!

전교 1등!! SKY 대학 입학!!! 노벨상 수상!!!

어디선가 들어 본 꿈에 관한 명언들이지요?

나 자신을 좋아하는 방법 세 번째 주제는 '꿈과 목표'입니다.

"어릴 때 큰 꿈을 가져야 해. 꿈을 향해 힘차게 달리다 보면 꿈을 이룰 수 있어. 그러면 인생이 행복해질 거야. 그런데 요즘 애들은 꿈이 없어서 큰일이야."

여러분이 자주 듣는 잔소리입니다. 그런데 과연 큰 꿈을 가지고 열심히 노력하면 행복해질까요? 결론부터 말하겠습니다.

"큰 꿈을 가지고 열심히 노력하는 일은

당신을 큰 불행에 빠뜨릴 수 있습니다."

이 말은 굉장히 저명한 심리학자의 주장이에요. 이 심리학자는 하버드대학교의 윌리엄 제임스(William James)입니다. 제임스는 심리학에서 처음으로 자아존중감이란 개념을 언급했어요. 무려 19세기, 1890년에. 엄청나게 오래되었지요? 이 외에도 심리학의 여러 개념을 최초로 도입한 심리학의 시조새, 심리학의 아버지입니다. 이렇게 저명한 심리학자인 제임스는 왜 큰 꿈을 가지면 불행할 거라고 말했을까요? ⑥

🗨 **정아의 이야기**

정아는 중학교 때부터 1등을 놓치지 않는 학생이다. 그런데 고등학교에 입학하고 처음 본 수학 중간고사를 망쳤다.

'61점이라니 죽어 버리고 싶어.'

처음으로 받아 본 60점에 창피하고, 자존심이 상한 정아는 이를 갈며 기말고사를 준비했다. 마침내 결과가 나오는 날 정아는 두근대며 통지표를 열었다.

두둥, '82점'.

무려 20점이 넘게 오른 성적이었다. 그런데 어찌된 일인지 정아는 엎드려 어깨를 들썩였다. 정아의 눈에는 하염없이 눈물이 흘렀다.

상식적으로 생각하면 점수가 20점이나 올랐는데 기뻐해야 마땅하지요. 열심히 노력해 결과도 좋았으니 자존감도 높아지고 더 행복해져야 합니다. 그런데 정아는 좌절했고, 자존감은 오히려 뚝 떨어졌습니다. 왜 그랬을까요?

제임스에 따르면 정아의 자존감 하락은 필연적입니다. 노력해 이룬 성취가 자존감을 높이는 것은 맞지요. 하지만 자존감에는 때론 성취보다 더 중요한 요인이 있습니다. 바로 '기대'입니다. 기대는 크면 클수록 자존감을 낮춥니다. 수학적으로 표현했을 때 자존감은 성취에 비례하고 기대에 반비례합니다.

$$자아존중감 = \frac{성취}{기대(꿈)}$$

만일 내 자존감이 땅바닥이라면 그래서 불행하다면, 기대했던 꿈과 실제 현실이 동떨어졌기 때문일 것입니다. 정아는 정말 열심히 노력했고 누구나 인정할 만한 80점을 받았지요. 하지만 정아는 불행했어요. 정아의 기대는 100점, 최소 90점이었기 때문입니다. 정아의 자존감은 60점을 받았을 때보다 오히려 더 떨어졌습니다. 왜냐하면 이 생각이 머릿속을 떠나지 않았기 때문입니다.

'이번에는 진짜 노력했는데도… 나는 해도 안 되는구나. 이것밖에

안 되는구나….'

다이어트 10kg, 공부 전교 1등!! SKY 입학!

레알 마드리드 입단!!!, 대통령!!!, 노벨상 수상!!!

어른들이 강요하는 커다란 꿈들. 이 꿈이 이뤄지는 장면은 상상만 해도 가슴이 두근거립니다. 하지만 이 목표가 과연 현실적으로 달성 가능할까요? 하루에 한 끼만 먹으며 몇 달을 보내고, 숨 쉬고 공부만 하고, 숨 쉬고 운동만 하는 노력을 쉼 없이 몇 년간 지속해야 가능하겠죠. 하지만 이런 노력은 만화나 영화에나 가능할 뿐입니다.

물론 세상에는 정말 말도 안 되는 일을 해내는 사람이 있죠. 힘든 가정 환경에서 학원 한번 안 가고 서울대에 입학한 학생, 중졸 학력에 무일푼으로 시작해 성공한 사업가, 세상에는 기적 같은 성공 신화들이 돌아다닙니다. 그런데 이런 성공 신화가 유명한 이유는 수만, 수십만 명 중 1명이기 때문입니다. 희박하니까 유명해진 것이죠.

기적 같은 성공을 쫓다 보면 십중팔구 실패를 맞닥뜨리게 됩니다. 그러다 자칫 '나는 노력해도 안 되는구나' 하는 좌절에 빠질 수도 있습니다. 그렇게 난관에 좌절하고 스스로를 비난하면 '난 내가 싫어'의 악순환에 빠지게 됩니다.

너무 큰 꿈에 짓눌려 '난 내가 싫어'의 악순환에 빠진 친구들에게 꼭 해주고 싶은 말이 있습니다.

"꿈은 꿈으로, 목표는 현실로."

꿈과 목표를 분리하세요. 꿈은 계속 두근거리게 심장에만 남겨 두고, '목표'는 정말 달성할 수 있는 것으로 정하세요. 실천 가능한 노력으로 성공할 수 있는 목표여야 합니다. 그래야만 기쁨과 보람을 느낄 수 있습니다.

꿈은 '하루 한 끼씩 먹으며 몇 달을 사는 10kg 다이어트', 목표는 '하루 세 끼 다 먹는 대신 야식만 끊으면 되는 3kg 다이어트'로 잡습니다. 꿈은 '친구랑 카톡 한 번 할 시간 없이 하루 종일 공부해야 하는 전교 1등', 목표는 '하루 1시간씩 매일 공부해 10점 올리기'로 잡는 겁니다.

꿈이 '넌 이것도 못해?'라고 당신을 비난하게 두지 마세요. 그깟 꿈이 뭐라고 여러분에게 상처를 주게 두지 마세요. 꿈보다 내가 훨씬 더 소중합니다.

> "항상 꿈을 가져라."라는 말도 되게 많이 하고 그러는데,
> 굳이 뭐 다들 그렇게 치열하게 살 필요는 없는 것 같아요.
> 막 너는 치열하게 살아야 돼, 너는 꿈이 없어
> 그런 말 들으시는 분들이 있다면 기죽지 마시고, 그게 진리가 아니에요.
> 그런 말 하는 사람도 자기가 뭘 하고 싶은지,
> 아니면 뭘 하고 있는지 정확하게 모를 가능성이 높습니다.
> 그래서 자기 믿고, 열심히, 건강하고 행복하게.
> - BTS. RM

지금 너무 커다란 꿈을 꾸고 있지는 않은지 생각해 보고 한 달 안에 가능한 노력으로 달성할 수 있는 목표로 고쳐 봅시다.(성적, 친구관계, 게임, 취미생활 등)

비현실적인 꿈	실현가능한 목표
다이어트 10kg	다이어트 3kg

단순한 나와 복잡한 나, 누가 더 행복할까?

마음속 다양한 자아개념 실험

나는 왜 뚱뚱할까?	나는 왜 공부를 못할까?
나는 왜 이리 키가 작을까?	나는 왜 이렇게 소심할까?
나는 왜 노잼일까?	나는 왜 몸치일까?

누구나 자신에 대한 콤플렉스가 있습니다. 진심으로 '난 완벽해.'라고 생각하는 사람은 없어요. 그럼에도 불구하고 모두 나름 자신을 긍정하며 살아갑니다. 그런데 유독 자신의 콤플렉스가 못 견디게 아픈 친구들이 있습니다. 바로 당신처럼요.

이 차이는 과연 어디서 올까요? 이 궁금증을 풀어 줄 흥미로운 심리학 실험 🗂을 소개할게요. 미국 예일대학교의 심리학자 패트리샤 린빌(Patricia Linville)은 성격특성을 표현하는 카드 33장을 준비합니다.

이 카드 속에는 다양한 특성이 담겨 있습니다.

창조적 특성 - 유머 있는, 상상력 뛰어난 등

혼자 있을 때 - 조용한, 반성적인 등

친구와 있을 때 - 즐거운, 소심한 등

세상을 대하는 법 - 외향적인, 주장이 강한, 반항적인, 순진한 등

부정적인 특성 - 게으른, 충동적인 등

린빌은 실험 참가자들에게 말합니다.

"이 카드를 사용해 자신에 대해 최대한 자세히 설명해 주세요."

"음… 저는 거의 매일 아침 조깅을 할 만큼 성실해요."

"저는 할 일을 계속 미루는 편이라 게으른 것 같아요."

참가자들은 카드를 이용해 자신의 자아개념(self-concept, 자신이 어떤 사람인지에 대한 스스로의 정의)을 설명했어요. 그런데 웃긴 건 사실 린빌은 이 설명에 전혀 관심이 없었다는 점입니다. 린빌이 궁금했던 것은 오직 하나! '카드 몇 장으로 자신을 표현했는가?'입니다. 어떤 참가자는 2~3장으로 간단하게 지신을 설명했고 어떤 참가자는 수십 장을 써서 훨씬 다채롭게 스스로를 표현했어요. 린빌은 참가자들을 두 그룹으로 나눕니다.

자아개념이 단순한 그룹(적은 카드) / 자아개념이 복잡한 그룹(많은 카드)

그리고 지금부터 린빌의 기막힌 연극의 막이 오릅니다. 린빌은 참가자들에게 현재 자신의 기분과 전반적인 능력을 평가하게 합니다.

기분	지금 이 순간 얼마나 우울감을 느끼나요?
	지금 이 순간 얼마나 행복감을 느끼나요?
	지금 이 순간 얼마나 긍정적인가요? 등.
지적 능력	지금 이 순간 얼마나 창의적인가요?
	지금 이 순간 얼마나 똑똑하다고 생각하나요? 등.
사회적 능력	지금 이 순간 얼마나 사회적인 기술이 뛰어나다고 생각하나요? 등.

참가자들은 이 문항의 답을 컴퓨터에 4점 척도(전혀 아니다/아니다/그렇다/확실히 그렇다)로 직접 입력합니다. 이 문항에서 매우매우 중요한 문구는 '지금 이 순간'이에요. 이유는 조금 있다 알게 되니 기억해 주세요. 참가자들은 답을 입력합니다. 그런데 입력이 끝나자마자 갑자기……

"삐… 삐… 삐….."

컴퓨터 화면이 깜깜해지며 이상한 소리가 납니다.

"아, 또 고장인가 보네. 잠깐만 기다려 보세요. 컴퓨터를 고쳐 볼게요. 제가 나간 동안 컴퓨터를 못 쓰니 종이로 이 문제들을 풀어 주세요." 하고 린빌은 시험지를 건넨 후 방을 나갑니다. 린빌이 건넨 시험지에는 아주 간단한 언어, 수학 IQ 테스트 문제들이 있습니다.

10분 후 린빌 교수는 태연하게 방으로 들어서며 말합니다.

"아휴. 정말 컴퓨터가 말썽이네요. 10분 뒤면 다음 참가자가 방으로 들어오는데 그 전에 이 시험지 점수를 컴퓨터에 입력해야 하거든요. 죄송한데 지금 여기서 손으로 채점해도 될까요?"하며 린빌 교수는 참가자의 앞에서 시험지를 채점하죠. 그런 다음 "채점이 끝났네요. 점수를 알려 드릴까요?"라고 묻는데 방금 본 시험 점수가 궁금하지 않은 학생이 어디 있을까요? 모든 참가자들은 대답합니다. "Yes."

린빌 교수는 그 자리에서 성적을 공개합니다. 그런데 이상하게도 린빌은 참가자들에게 딱 두 종류로만 대답합니다.

"당신의 점수는 상위 10%입니다."
"당신의 점수는 하위 10%입니다."

물론 두 대답 모두 거짓말입니다. 이 말이 끝나자마자 공교롭게도 '삐―' 소리가 나며 모니터에 불이 들어옵니다. 정말 기막힌 타이밍이죠? 린빌은 컴퓨터를 살피다 큰 한숨을 내쉬며 실망한 표정을 짓습니다. 무슨 큰일이 벌어진 것 같아요.

"아. 이놈의 컴퓨터. 어쩌죠? 정말 미안하게 됐네요. 이제 보니 아까 입력한 정보가 모두 날아가 버렸어요. 죄송하지만 다시 한 번 입력해 줄 수 있을까요?"

눈치챘겠지만 당연히 뻔뻔스런 거짓말이랍니다. 데이터는 고스란히 남아 있었어요.

"네. 괜찮습니다."

참가자들은 컴퓨터 앞에 앉아 아까 입력했던 '지금 이 순간'의 기분과 능력을 다시 입력합니다. 입력이 끝난 후 참가자는 방을 나갑니다.

이렇게 린빌의 연극은 막을 내렸습니다.* 잠시 책을 덮고 린빌의 연극 목적을 짐작해 봅시다. 자. 모두 생각하셨나요? 그럼, 함께 정답을 맞춰 볼까요?

린빌이 이 실험을 통해 얻은 데이터는 두 가지입니다. 카드의 숫자, 참가자들의 기분과 자기평가입니다. 그런데 아까 지금 이 순간을 강조했었지요? 기분과 평가는 두 차례에 걸쳐 측정되었습니다. 그 사이에 간단한 IQ 테스트가 있었지요. 이제 슬슬 눈치채셨나요?

린빌은 참가자들이 모르게 성공경험(상위 10%)과 실패경험(하위 10%) 전과 후의 자신에 대한 기분과 평가가 어떻게 달라지는지에 대한 데이터를 얻는 데 성공한 것입니다.

많은 심리학 실험들이 이렇게 참가자를 속이며 진행됩니다. 그래야 실제에 가까운 데이터를 얻을 수 있으니까요. 물론 린빌은 실험이 끝난 후 속임수를 모두 밝히고 이 데이터를 사용해도 되는지 참가자들

● 　실험 진행 과정에는 재미를 위한 각색이 약간 들어갔습니다. 예를 들어, 실제 실험은 린빌 교수가 아닌 연구원들이 주로 진행했고, 제시되는 대사 또한 실험과정을 바탕으로 한 저의 창작입니다. 앞으로의 실험과정도 마찬가지임을 알려 드립니다.

에게 동의를 받습니다. 앞으로 소개할 수많은 실험들도 속임수 → 사과 → 동의 과정을 거쳐 얻은 데이터라는 것을 미리 알려 드립니다.

린빌이 이 실험을 통해 얻은 결과는 다음과 같습니다. 자기가 하위 10%라는 사실을 알고 난 후 참가자들의 기분과 자기평가 점수는 처음보다 낮아집니다. 당연하겠지요? 그런데 고려할 변수가 하나 더 있습니다. 실험 초반에 카드의 개수 즉, 자아개념이 얼마나 복잡한지를 조사했지요. 카드의 개수에 따라 실망의 강도에는 통계적인 차이가 있었습니다.

자아개념이 단순 : 실패경험을 할 때 더 많이 실망하고, 자기 능력을 더욱 낮게 평가한다.

자아개념이 복잡 : 실패경험을 할 때 덜 실망하고, 자기 능력을 덜 낮게 표현한다.

왜 이런 현상이 벌어졌을까요? 린빌의 해석을 들어 볼까요? 카드가 많은 사람들은 실패를 경험해도 좀처럼 쉽게 흔들리지 않습니다. 왜냐하면……

'나는 머리가 나쁘고 게을러. 하지만 유미 감각도 있고, 쾌활하고, 친구들도 날 좋아해 주는 사람이야.'

이렇게 자신의 단점을 상쇄할 만한 카드가 많기 때문이에요. 이런 친구들은 쉽게 자신을 포기하지 않습니다.

반대로 자신을 2~3가지로 협소하게 정의하는 사람은 어떨까요? '나는 공부를 잘하고 성실한 학생이야.'라고 생각하는 효진이가 있어요. 효진이에게 공부는 자신을 지탱하는 유일한 버팀목입니다. 그런 효진이가 시험을 망친다면? 쉽게 자신을 포기해 버려요. '나는 쓸모 없어졌어.'라고 극단적으로 생각해 버리는 것입니다.

📋 **Don't put all of your eggs in one cognitive basket**
(모든 계란을 한 바구니에 넣지마라)
- 린빌 논문의 부제목

자아개념 실험 두 번째

"자아개념이 단순한 사람들은 단 한 번의 실패경험에도
큰 상처를 받고 깊이 좌절한다. 자아개념이 복잡한 사람들은
실패경험에도 덜 상처받고 쉽게 일어선다."

린빌의 결론입니다. 이 실험 결과를 확인하기 위해 린빌은 두 번째 실험을 합니다. 자아개념이 단순한 사람, 복잡한 사람을 14일 동안 추적해 그 일상을 관찰했죠. 그리고 다시 한 번 확인합니다.

자아개념이 단순한 사람들은 기분 나쁜 일에 더 크게 실망하고 자기를 더 낮게 평가했어요. 자아개념이 복잡한 사람들은 기분 나쁜 일에 덜 민감하게 반응했지요.

💬 　지수와 수지는 똑같이 자신의 소심한 성격을 싫어한다.

'난 왜 말을 버벅거릴까. 짜증 나. 내가 싫어!'

지수는 자신을 싫어하고 자존감이 낮다.

'난 왜 말을 버벅거릴까. 짜증 나. 뭐, 그래도 뭐 괜찮아.'

수지도 자신의 소심한 성격이 싫다. 하지만 수지는 자신을 싫어하지는

않는다. 그냥 받아들인다.

똑같이 자신의 소심함을 싫어했지만 지수와 수지의 자아존중감은

달랐습니다. 수지 안에는 수많은 자기가 있었기 때문입니다.

💬 　나는 소심해. 소심한 탓에 반 친구들에게 '존재감 제로'이긴 해.

몸치라 체육시간에는 항상 '구멍'이야.

하지만 내 베프 윤아한테는 고민을 잘 들어 주는 '사려 깊은 친구'야. 부

모님 생일을 꼭 챙기는 '예쁜 딸'이고 학교에서는 선생님 심부름도 군말

않고 잘하고, 수업 태도도 좋은 '성실한 학생'이야.

솔직히 공부는 '그저 그런 학생'이긴 해. 그리고 키는 작지만, 큰 눈과

동동한 볼을 보면 '나름 귀여운 여자'이기도 해.

자신의 소심함을 싫어했지만 자존감까지 낮지 않았던 이유는 수지

안에 무수히 많은 수지가 있었기 때문이에요. 반면 지수의 자아개념

은 단 한 줄이었지요.

'난 소심해. 인기 없는 아이야.'

지수의 자아개념이 '인기 없는 아이' 하나일 리는 없습니다. 지수 역시 수지처럼 학생이고 누군가의 친구이고, 가족일 테니까요. 그런데 지수는 소심함에만 너무 집중해 자신의 다른 모습을 찾아볼 여유가 없었던 것입니다. 사실 '나는 왜 이 모양일까?'라는 생각, 누구나 가지고 있어요.

"저는 제 얼굴이 그다지 마음에 들지 않아요."

미남 배우 원빈이 한 말입니다. 듣는 우리에게는 말도 안 되는 말이지만, 사실 이해가 안 가는 것도 아니죠. 남들이 아무리 좋아해 줘도 나 자신에게는 뜯어 고치고 싶은 부분이 몇 가지씩은 있는 법이니까요. 어느 정도 자신을 비난하는 것은 자연스러운 일입니다. 당신의 성격이 부정적이라서가 아닙니다. 다만 이 말만은 꼭 강조하고 싶습니다.

"당신 안에는 당신의 생각보다 훨씬 더 다채로운 '나'가 숨어 있다!"

키, 성적, 외모, 성격, 운동실력, 친구 … 모두 여러분을 표현하는 삶의 일부분일 뿐입니다. 그중에는 짜증 나는 나도 있지만 반짝이는 '나'도 있어요. 못 본 척하지 마세요. 당신은 그 반짝임을 분명 알고 있습니다.

당신에게는 어떤 반짝이는 모습들이 있을까? 수지처럼 생각해 봐요.

나는 (   )에게 (   )한 아들, 딸.

나는 (   )에게 (   )한 오빠, 누나, 동생.

나는 (   )에게 (   )한 친구.

나는 (   )에게 (   )한 친구.

나는 (   )에게 (   )한 친구.

나는 (   )에게 (   )한 학생.

나는 (   )에게 (   )한 학생.

나는 (   )에게 (   )한 (   )

나는 (   )에게 (   )한 (   )

나는 (   )에게 (   )한 (   )

나 자신을 좋아한다면 마음보다 행동으로 표현하자

"지금부터 나를 좋아하자, 누가 뭐래도 나는 우주 유일의 존재니까."

나를 좋아하기 위해 꼭 명심해야 할 말이죠. 하지만 앞으로 마주할 세상에서 당신은 노력보다는 간판을, 내면보다는 외모를, 존재 가치보다는 돈을 더 중요시하는 경우를 수없이 만나게 될 거예요. 그러니 이 말을 되뇌는 것만으로는 부족합니다. 더 중요한 것은 행동 실천입니다.

누군가를 진심으로 좋아해 본 적이 있나요? 한 번 그 사람의 얼굴을 떠올려 보죠. 그 사람을 생각하면 어떤 생각이 떠오르나요? 그 사람에게 무엇을 해주고 싶나요? 저마다 차이는 있겠지만 '그 사람이 웃었으면 좋겠다.'라는 마음만은 모두 똑같을 거예요. 신나고 재미있게 해주고 싶고, 무엇보다 까르르 웃는 얼굴이 보고 싶겠지요. 여러분이 자신을 위해 실천해야 할 일도 똑같습니다.

당신이 자신을 진심으로 좋아한다면 스스로를 즐겁게 해주어야 합니다! 당신을 미소 짓게 만드는 행동은 무엇인가요? 친구와 수다 떨기, 친구와 코인 노래방 가서 목이 쉬도록 노래 부르기, 아이돌 덕질하기, 치킨 먹기, 침대에 누워 유튜브 보기, 웹툰 보기, 게임하기. 뭐든 괜찮습니다. 당신이 재밌어 하는 일을 찾고 실천하세요. 다만 실천하기 전에 고민해야 할 문제가 있습니다.

'과연 그 일이 진정으로 날 즐겁게 하는 일인가?'

무슨 말이냐고요? 모든 행동에는 빛과 그림자가 있습니다. 정말 즐겁다고 생각하는 일이 결과적으로는 나를 고통스럽게 만들기도 합니다. 조금 극단적인 예를 들어 볼게요. '마약'은 즐거운 일일까요? 마약은 어떤 것과도 비교할 수 없는 쾌감을 준다고 알려져 있죠. 하지만 애인에게 마약을 권하는 사람은 없습니다. 왜냐하면 마약은 건강을 해치고, 심지어 감옥에 갇히게 되기 때문입니다.

마약의 쾌감 vs 중독, 체포. 이 둘을 비교한다면 마약은 즐겁기보다는 오히려 당신을 고통에 빠뜨리는 일이 됩니다. 마약과는 반대로 당장은 고통스럽지만 결국 나를 즐겁게 만드는 일도 있죠. 예를 들어, 운동. 할 때는 힘이 들어도 꾸준히 한다면 좋은 체력과 건강으로 나에게 즐거움을 선사합니다.

눈앞의 즐거움에만 빠져 버린다면 앞으로의 일이 걱정이죠. 그렇다고 즐거움을 미루기만 한다면 일상은 욕구불만으로 가득 찰 것입니다. 그러니 나를 행복하게 만드는 일을 찾을 때 즐거움과 괴로움, 어느 한쪽도 놓치지 마세요. 모두 고려해 어느 쪽이 당신을 진정으로 미소 짓게 만드는 일인지 생각해 봅시다.

즐거움		괴로움
유튜브, 웹툰, 카톡은 재밌다.	vs	엄마의 잔소리는 짜증 난다.
치킨은 맛있어.	vs	살찌는 건 싫다.
게임방은 시간 가는 줄 몰라.	vs	학원 땡땡이는 양심에 찔려.
성적이 오르면 기뻐.	vs	공부는 지겹고 머리 아파.
밤새 스마트폰하면 재밌어.	vs	다음 날 눈이 안 떠져.
친구를 놀려 먹는 건 재밌어.	vs	친구에게 미움받기는 싫어.
피아노, 기타 등 악기를 잘 다루고 싶어.	vs	연습은 귀찮고 힘들어.

핵심은 <u>즐거움과 책임감 사이의 타협점을 찾는 일</u>이에요. 예를 들어, 치킨보다 내 건강이 더 중요하다면 '8시 이후 치킨 금지' 같은 타협점을 세워야겠지요. 아무리 생각해도 치킨의 행복이 더 큰 것 같아요. 그렇다면 스트레스는 접어 두고 마음껏 즐기세요.

무엇이 당신을 가장 행복하게 만들지 가장 잘 아는 사람은 당신입니다. 진정 자신을 좋아한다면 긴장을 풀어 주는 일, 마음을 편안하게 만드는 일, 미소 짓게 만드는 일. 그 일을 실천하세요. 당신이 즐거우면 즐거울수록, 더 많이 웃을수록 스스로를 더욱 좋아하게 될 거예요.

나를 진정으로 즐겁게 하는 일을 찾아보자.

행동	즐거움		괴로움		내 생각
춤 잘 추기	수학여행에서 춤을 멋지게 추면 너무 너무 행복할 거야.	100	춤 연습은 힘들어. 못 춰서 창피해.	60	이 일은 힘들어도 결국 나를 즐겁게 해줄 거야.

☞ 행동이 없는 곳에 행복은 있을 수 없다.
 – 아리스토텔레스

행복의 필수 아이템,

인간관계의 힘

우리의
행복에는
좋은
인간관계가
반드시
필요하다

인간이 똑똑한 이유는 무엇일까?

진정한 행복 찾기 두 번째 주제로 들어가기에 앞서 타임머신에 탑 승해 주세요. 시간대는 B.C 17만 년, 장소는 아프리카입니다.

🔍 우영의 이야기

부엉, 부엉. 귀뚜르르르.

아프리카 한 초원. 이따금 울려 퍼지는 새와 벌레 소리, 바람에 부딪히는 갈대의 속삭임 외에는 아무것도 들리지 않는 고요한 밤이었다. 시원한 공기, 푹신한 나뭇잎 더미 위에서 한 남자가 행복한 표정으로 자고 있었다. 남자의 얼굴에는 평화로운 미소가 떠올랐다.

스스스스슥.

갈대들의 속삭임이 점점 비명으로 변하고 있었다. 도깨비불 두 개가 빛을 뿜으며 갈대 사이를 갈랐다. 갈대 사이로 황금빛의 거대한 형체가 서서히 모습을 드러냈다.

그르르…. 소리 죽여 으르렁대는 도깨비불의 정체는 사자였다. 사자는 발소리도 없이 남자가 잠든 동굴로 들어왔다. 앞으로 벌어질 일도 모른 채 꿈속을 헤매는 남자의 코앞까지.

그르르…. 사자의 거대한 입이 쩍하고 열렸다. 남자의 머리 위로 뜨거운 입김이 쏟아졌다. 그제야 이상한 낌새를 눈치챈 남자가 눈을 떴다.

"사… 사…… 컥."

남자의 외마디 비명보다 사자의 이빨이 빨랐다. 남자는 있는 힘껏 버둥댔다. 하지만 버둥거림은 채 1분도 지나지 않아 멈췄다. 사자는 천천히 그러나 만족스러운 걸음걸이로 남자를 문 채 아기 사자들이 기다리는 보금자리로 향했다.

이 불쌍한 남자의 이름은 '우엉'입니다. 왜 우엉이냐고요? 당시 이런 발음이 유행했을 것 같은 느낌 때문이에요. 우엉은 17만 2천 년 전 아프리카에 살았던 유인원, 호모 사피엔스 종이었습니다. 요즈음에는 이 호모 사피엔스를 두 글자로 줄여 말합니다. '인간.'

17만 2천 년 전의 우엉과 우리는 거의 똑같은 생물입니다. 차이점은 우리보다 뇌의 크기가 약간 작다는 점뿐이죠. 우엉은 아프리카 초원에서 사자에 의해 안타까운 최후를 맞이했어요. 그렇다면 질문. 우엉이 살기 위해 필요한 것은 무엇이었을까요?

커다란 무기? 사자를 상대로는 어떤 무기도 힘들었을 거예요.

강한 근육? 사자랑 힘겨루기는 자살행위입니다.

불? 불이 있었으면 사자가 접근하기 힘들었겠지요. 그런데 자는 사이에 불은 꺼지기 십상입니다.

무기, 근육, 불 모두 우엉을 지켜 줄 수 없습니다. 사자의 습격을 피하기 위해, 맛있는 바나나가 나무 위에 있는데 손이 닿지를 않을 때, 물소를 사냥하고 싶은데 나보다 덩치가 훨씬 클 때, 무거운 돌을 옮기고 싶은데 힘이 모자를 때.

원시의 삶에서 가장 필요한 것, 살아남기 위한 최우선 필요조건은 바로 '동료'입니다. 호모 사피엔스, 인간은 굉장히 허약한 종입니다. 힘은 동물들 중 하위권, 뜀박질은 거의 꼴찌 수준이죠. 인간 한 명, 한 명은 정말 약해빠졌습니다. 그런 인간에게 고립은 곧 죽음입니다. 그렇기에 우리 조상들은 항상 가족, 친구를 곁에 두었습니다. 끝까지 외로운 '아싸'이고 싶었던 우엉 같은 조상들은 대부분 우엉과 같은 최후를 맞이했겠죠. 자식도 없었고 자신의 유전자를 남기지도 못했습니다. 우엉과 반대로 이성을 좋아하고 가족, 동료를 좋아했던 인간들이 자식을 낳아 유전자를 더 많이 후대에 물려줬습니다. 이 '인싸'들의 유전자를 물려받은 후손이 바로 우리입니다.

허약하디 허약한 인류가 아프리카 초원에서 살아남을 수 있었던 이유는 오직 한 가지, '무리 짓고 협력하며 살아서'입니다. 이 대목에서 혹시 '그것만은 아닐 텐데. 인류는 똑똑해서 살아남았잖아.'라고 생각하셨나요? 네. 그 말도 맞습니다. 그런데 이 주장에는 한 가지 빠뜨린 사실이 있습니다. 인류가 똑똑해진 이유입니다. 캘리포니아대학교의 심리학자 매튜 리버먼(Matthew D. Lieberman)은 인류가 똑똑해진 이유를 이렇게 설명합니다.

인류가 아프리카 정글 구석의 흔한 동물 중 하나였을 때(그중에서도 먹이사슬 최하에 위치한) 인류는 약 10명 단위의 소규모 집단생활을 했었다고 합니다. 그런 인류가 더 많은 동물을 사냥하기 위해 초원으로 나왔습니다. 정글과 달리 탁 트인 초원에서는 숨을 곳이 마땅치 않았죠. 이 시기에 집단 크기가 약 100~200명으로 대폭 늘어납니다. 우엉과 같은 일을 피하기 위해서였겠죠.

10명이 같이 살면 서로 속속들이 알게 됩니다. 따로 머리를 쓸 필요가 없습니다. 하지만 같이 사는 사람이 100명을 넘어가면 낯선 사람들이 생겨납니다.

"낯이 익는데 누구시지요?"

"나는 네 아빠의 사촌 형이다."

"그럼 당신을 뭐라고 부를까요?"

"줄여서 아사형이라고 불러라."

이렇게 친구, 친척, 아빠 친구 딸, 사돈의 팔촌 등 머리를 쓰지 않으면 기억하지 못하는 복잡한 관계들이 생깁니다. 그뿐만이 아닙니다. 낯선 사람들과 함께 살면 경계심이 생깁니다.

'내가 감춘 닭다리를 훔쳐 먹은 놈이 저 녀석이 아닐까?'

'저 여자가 내 남자친구를 노리고 있는 것 같아.'

'저 놈이 날 좋아하나?'

이렇게 상대방의 숨은 생각과 의도를 생각할 일이 생기죠. 이것을 파악하기 위해 계속 고민해야 합니다. 역시 10명 정도의 집단에서는 고민할 필요가 없던 일들입니다. 이렇게 집단이 늘어날수록 머리를 쓸 일도 늘어납니다. 인간이 똑똑해진 이유를 이제 눈치채셨나요?

"인간이 똑똑해진 이유는 집단생활 때문이다."

이 주장을 '사회적 뇌 가설(social brain hypothesis)▣'이라 부릅니다. 실제 고대 인류 유골의 머리뼈 변화를 살펴보면 인간의 뇌가 급격하게 커진 시기가 인간 집단의 크기가 팽창한 시기와 맞물려 있다고 합니다▣. 사회적 뇌 가설을 입장에서 보면 인간은 똑똑해서 살아남은 것이 아닙니다. 살아남기 위해 관계를 늘렸더니 덤으로 똑똑해진 것이지요.

인류 역사상 최고의 덤이었습니다.

📑 **친구가 우리를 똑똑하게 만들었다.**

마음이 아픈 것이 아니라 몸이 아픈 것이다

'이별의 진통제' 실험

사회적 뇌 가설이 행복과 무슨 관계이냐고요? 깊은 관계가 있습니다. 행복감을 느끼는 부위는 심장도, 얼굴도 아닌 바로 뇌이니까요. 뇌는 우리 몸 전체를 관장하는 컨트롤 타워입니다. 생각하고, 느끼고, 행동하는 일, 모두 뇌에서 시작됩니다. 그렇다면 뇌가 최우선으로 생각하는 과제는 무엇일까요? 바로 우리 몸의 생존이죠. 심장 계속 뛰기, 체온 36.5도로 유지하기, 모두 뇌에서 생존을 위해 쉼 없이 처리하는 업무들입니다.

심지어 '고통'도 뇌가 하는 생존을 위한 업무입니다. 고통이 생존과 무슨 상관이냐고요? 고통 따위 느끼고 싶지 않다고요? 과연 그럴까요?

10만 년 전, 우엉의 동생 우워란 원시인이 초원을 거닐고 있었다. 그런데 갑자기 저만치 누워 있는 표범과 눈이 딱 마주쳤다. 깜짝 놀란 우워는 미친 듯이 뛰었다. 그런데 바로 앞에 강이 세차게 흐르고 있었다. 어찌 해야 하나 망설이던 순간, 어느새 다가온 표범이 송곳니를 드러내고 우워를 향해 달려들었다. 표범의 날카로운 이빨이 우워의 목을 파고들 찰나……

첨벙!

우워는 강으로 뛰었다. 우워는 수영에 서툴렀지만 어찌어찌 강에서 빠져나왔다. 간발의 차이로 살아남은 우워는 기쁨의 함성을 질렀다.

"우워!!!"

그런데 우워는 그날 밤을 넘기지 못하고 죽었다. 사망원인은 과다출혈이었다. 우워가 강으로 뛰어든 순간 표범의 손톱이 우워의 등을 할퀴었던 것이다. 우워는 자신의 등에서 피가 흐른다는 것을 몰랐다. 왜냐하면 '고통'을 느끼지 못했으니까.

만약 피가 나거나, 다리가 부러졌거나, 배탈이 났는데도 아무런 고통도 느끼지 못한다면 목숨이 위험합니다. 고통은 '이러다 큰일 나! 빨리 치료해!!!'라는 뇌의 급박한 외침입니다. 발바닥에 압정이 박혔습니다. 발바닥이 아프겠지요? 그런데 이 통증의 진원지는 사실 발바닥이 아닙니다. 통증을 느끼게 하는 것은 바로 뇌입니다. 발바닥에 압정이 박히는 순간 뇌의 통증발생기(전대상피질, anterior cingulate cortex)에 불이 켜집니다. 이 통증발생기가 전기 신호를 보내 통증을 느끼게 되는 것입니다. 그런데 현대 뇌 과학은 고통을 연구하다가 무척 신기한 사실을 발견했습니다. 신체에 상처가 없어도 뇌 통증발생기에 불이 켜지는 현상을 발견한 것입니다.

친구, 가족과 싸웠을 때, 나와 놀아 주는 친구가 없을 때, 애인과 헤어졌을 때. 놀랍게도 인간관계 고통도 신체 고통과 동일한 뇌 부위에서, 동일한 방법으로 일어납니다. 이는 실제 인간의 뇌를 fMRI(자기 공명 영상장치)로 촬영해 증명된 사실입니다.

이 사실을 안 미국 켄터키대학교 심리학자 네이선 드월(C. Nathan DeWall)은 황당한 아이디어를 생각해 냅니다. 우리는 두통, 치통, 생리통, 각종 통증에 게보린, 펜잘, 이지엔을 먹습니다. 그런데 이 약은 한국에 국한된 진통제이고 미국에서 가장 인기 있는 진통제는 '타이레놀'입니다. 신체 고통과 인간관계 고통이 같은 방식으로 발생한다면……. '타이레놀이 친구, 애인과의 다툼, 이별 같은 인간관계의 고통을 줄이는 데도 효과가 있겠네?'라고 생각한 것입니다. 드월은 이기발한 발상을 과학적으로 증명하고자 마음먹습니다. 그리고 그 유명한 타이레놀(Acetaminophen) 실험[2]을 기획합니다. 드월은 대학생 62명을 모집한 후 A, B 두 집단으로 나눕니다. 실험 시작 전에 그룹 A, B의 인간관계 고통 정도는 비슷했습니다. 그리고 드월은 대학생 62명에게 두 가지 과제를 내줍니다.

과제1 - 3주 동안 매일 인간관계 고통의 정도를 기록할 것.
과제2 - 매일 알약 두 개를 먹을 것.

A 그룹에게 준 약이 바로 타이레놀입니다. B 그룹에게는 밀가루 알약을 주었습니다. 물론 A, B 그룹 모두 약의 정체가 무엇인지는 까맣게 몰랐습니다. 그렇게 3주가 지나갑니다. 잠시 책을 덮고 결과를 예상해 봅시다. 과연 타이레놀은 인간관계 고통을 줄여 주었을까요?

이 황당한 실험의 결과는 정말 놀라웠습니다. 매일 타이레놀을 복용한 A 그룹은 B 그룹에 비해 인간관계 고통이 감소했습니다. 심지어 날이 갈수록 고통은 더욱 크게 줄었죠. 실험을 시작할 때 비슷했던 A, B 그룹의 인간관계 고통은 21일 후에는 격차를 상당히 보입니다.

한 발 더 나아가 드월은 fMRI를 이용해 실험 참가자들의 뇌 영상을 촬영합니다. 그리고 타이레놀이 인간관계 고통을 느끼는 뇌 부위 (전방대상피질, anterior cingulate cortex / 전선엽, anterior insula)의 활성도를 줄인다는 사실을 확인했습니다. 이 부위는 신체 고통을 느끼는 뇌 부위와 동일합니다. 결국 다음과 같은 사실을 확인하지요.

> "우리의 뇌는 칼에 베이는 일과 베프와의 다툼,
> 두 가지 모두 생존을 위협하는 상황이라고 받아들인다."

그래서 빨리 치료하라고, 혹은 빨리 화해하라고 경고 신호를 울리는 것입니다. 수십만 년에 걸친 경험으로 몸의 상처만큼 사회적 따돌림도 생존에 위협적이라고 우리의 뇌는 인식하는 것이죠.

 나만 잘해야지 나만 행복해야지 하면
잠깐의 행복만 올 뿐 길게 가지는 않아요.
- BTS. V

새벽 4시에 당장 전화할
사람이 있나요?

우리의 뇌가 생존을 위해 만든 시스템은 고통만이 아닙니다. 채찍만으로 말을 달리게 하는 건 한계가 있습니다. 말이 신나게 달리려면 당근도 필요합니다. 뇌가 준비한 당근이 바로 행복감입니다.

한여름 땡볕 아래서 땀 흘리다 에어컨이 있는 카페로 들어가 시원한 음료를 마실 때(갈증 해소), 배고파 쓰러지기 직전 부엌에서 삼겹살을 굽는 냄새가 흘러나올 때(식욕), 밤 10시까지 학원에서 시달린 후겨우 침대에 누웠을 때(수면 욕구), 영하 10도에 집으로 오자마자 이불속으로 쏙 들어갈 때(체온 유지), 친구 혹은 가족과 즐거운 시간을 보낼 때(인간관계 욕구). 상상만 해도 즐겁지요? 모두 생존을 위한 필수욕구들입니다. 이 욕구들이 충족될 때 우리는 행복감을 느낍니다.

고통의 짝이 회피라면 행복감의 파트너는 중독입니다. 라면을 한번도 안 먹은 사람은 있어도 한 번만 먹어 본 사람은 없는 법이죠. 우리는 행복감을 좇아 먹고, 마시고, 편히 쉬고, 따뜻함을 찾고, '사람을사귀는 일'을 반복했습니다. 덕분에 인류는 이제껏 살아남았습니다.

심리학자들은 수많은 연구[*]를 통해 인간관계가 행복의 절대조건임을 경험적으로 입증했습니다. 심리학에서 성격을 다룰 때 가장 널리쓰는 척도는 크게 다섯 가지(신경성, 외향성, 개방성, 우호성, 성실성)입니다. 이 다섯 중 행복과 가장 연관성이 높은 것은 외향성이지요[3]. 외향성은 새로운 사람들과 만나 얘기하고 놀기를 좋아하는 성향입니다.

인간관계가 삶의 질에 미치는 것에 대한 하버드 의과대학 정신의학자 조지 베일런트(George Vaillant)의 연구[4]는 매우 흥미롭습니다.

---

[*] 가족관계, 교우관계 등 인간관계의 질이 높을수록 행복하다는 사실은 국내외 수많은 연구를 통해 입증되었습니다.

연구는 매우 간단한 질문으로 시작합니다.

'새벽 4시에 마음 놓고 전화해 고민을 털어놓을 사람이 있나요?'

베일런트는 이 질문에 대답한 사람들을 따라다니며 수십 년간 그들의 건강을 조사했습니다. 그 결과 새벽 4시에 마음 놓고 전화할 사람이 있는 사람은, 없다고 대답한 사람보다 더 건강하고 오래 살 가능성이 많다는 결론을 내립니다. 성적이 별로라도, 용돈이 적어도, 아이폰이 없어도, 정말 믿고 의지할 가족과 친구가 있다면 당신은 누가 뭐래도 더 건강하고 행복한 사람입니다. 가족, 친구, 남친, 여친이 재미와 웃음, 기쁨과 감동 같은 수만 가지 행복감을 선사하기 때문입니다.

> 행복은 키스와 같다. 진정 행복하기 위해선 나눌 상대방이 있어야 한다.
> – 버나드 멜처

나도 인기 있는 친구가 되고 싶다면

어느 반이나 정말 인기 많은 친구가 있지요? 그 아이를 머릿속에 떠올려 보세요. 저는 그 아이에 대해 잘 모릅니다. 이름도, 얼굴도, 몇 살인지도 모르죠. 하지만 한 가지는 알고 있습니다. 그 아이는 반짝 반짝 빛이 나지요. 외모를 말하는 것이 아닙니다. 외모만 본다면 그리 매력적이지 않을 수도 있겠죠. 하지만 그 아이는 눈부십니다. 항상 밝고 당당하기 때문입니다.

💬 주영이 이야기

"주영아, 오늘 급식에 자두 나온데."

"그럼 나 자두 먹고 자두 되나?"

"아~~ 뭐야, 그 개드립?"

"왜? 웃기잖아. 나 졸린데 자두 먹고 자두 돼? 크크큭큭."

"아, 진짜! 하하하."

정말 재미없는 농담도 혼자서 재미있어 어쩔 줄 모르는 아이. 그래서 주위 사람들까지 어쩔 수 없이 무장해제를 시켜 버리는 아이. 그 아이가 빛나는 이유는 스스로를 좋아하기 때문입니다. 스스로를 좋아하니까 늘 자신감이 넘치고 당당해요. 친구들이 "그게 뭐야." 하고 구박하고, 비웃어도 자기감정을 드러내는 데 주저함이 없습니다. 그래서인지 항상 즐겁고, 웃음이 많습니다. "난 네가 좋아, 귀엽다." 같이 애정 표현도 스스럼없죠. 자연스럽게 주변에 친구들이 모여듭니다.

(Q) 제민이 이야기

"아, 그런데 갑자기 생각났다. 이거 이상하지 않냐?"

"응? 뭐?"

"지구가 태양을 돌고 있대."

"얘 지금 뭔 소리 하는 거냐?"

"땅이 움직이고 있다니까? 이게 말이 돼?"

"……ㅡㅡ;;;"

"봐 봐. 안 움직이잖아. 이건 분명 외계인의 음모야!!"

제민이는 이렇게 생각지도 못한 엉뚱함을 당당하게 드러내는 4차원입니다. 제민이가 이렇게 행동하는 이유는 자신의 어이없는 말과 행동을 부끄럽게 여기지 않기 때문이에요. 자기 생각을 그대로 드러내는 데 남의 눈치를 보지 않습니다. 그런데 이 엉뚱함이 또 친구들을 끌어당깁니다. 이 모든 것은 '나는 내가 좋아! 그러니 부끄럽지 않아!'에서 나오는 힘입니다. '내가 나를 좋아하니까 친구들도 당연히 나를 좋아해 줄 거야.'라고 생각합니다.

주영, 제민이와 정반대의 경우를 상상해 봅시다.

나는 진짜 재미없어. 나는 진짜 못났어.

나는 참 바보 같아. 나는 내가 짜증 나.

나는 친구한테 상처가 많아. 그래서 우울해.

누군가는 이런 말을 겸손이라고 생각합니다. 하지만 틀렸습니다. 겸손은 내 훌륭한 점을 내세우지 않는 행동이에요. 반면 이 말들은 내가 못났다고 광고하는 자기비하입니다. 자기비하는 겸손과 달리 그냥 '바보 같은 짓'입니다. 자신을 비하하는 말은 스스로도 우울하게 만들 뿐더러 무엇보다 주변 친구들을 짜증 나게 만듭니다. 장난도 아니고 진지하게, 매번 이런 말로 음울한 분위기를 만드는 친구. 친구들이 몇 번은 위로해 줄 수도 있지만 곧 지쳐 떠날 거예요.

친구들에게 인기를 얻는 첫 번째 방법은 바로 스스로를 좋아하는 것입니다. '나는 내가 좋아.'라는 자신감을 가지고, 나를 있는 그대로 친구들에게 당당하게 드러내는 거예요. 인기 만점 친구가 내뿜는 반짝거림의 비밀은 바로 당당한 솔직함입니다. 어떻게 하면 스스로를 좋아할 수 있을까요? 이 방법은 앞서 자세히 이야기했으니 여기서는 짧게 복습만 할게요.

> '남들이 나를 함부로 평가하든 말든 상관없어. 나는 재밌는 사람이야.'
> '성적, 외모, 내 옷, 휴대폰 이런 것과 내 가치는 아무 관계없어. 나는 그 자체로 충분해.'
> '나를 응원해 줄 사람은 나야.'
> '달성할 수 있는 목표를 세워야지.'
> '좋아하는 나한테 선물을 주어야지. 치킨을 먹고 행복하자.'

꼭 기억하세요. 자신을 사랑해 주고, 아껴 주고, 즐겁게 해줄 때 여러분은 반짝입니다. 그리고 여러분을 솔직하게 드러낼 때 그 빛이 뿜어져 나온답니다. 예쁜 척, 멋있는 척, 센 척을 할 필요는 없습니다. '척'에서 나오는 가짜 빛은 얼마 가지 못합니다. 있는 그대로의 모습, 그래서 사랑스러운 진짜 모습을 친구들에게 보여 주세요. 어느새 주변이 친구들로 가득해질 거예요.

🖐 너 자신이 되어라. 다른 사람은 이미 있다.
- 오스카 와일드

친구들이 나를
어떻게 생각할까 걱정돼요

나 자신을 있는 그대로 드러내는 일. 환하게 빛날 수 있는 최고의 비결입니다. 하지만 막상 행동으로 옮기려니 겁부터 납니다. 왜냐하면 이런 생각들 때문이죠.

'이렇게 말하면 쟤는 나를 멍청하다고 생각할 거야.'
'나는 왜 이렇게 뚱뚱할까? 친구들이 비웃을 거야.'
'내 옷이 너무 별로라 창피해.'

혹시 마음속에서 이런 목소리가 들리나요? 주변 사람들이 내 말투, 유머, 옷차림을 비웃을까 걱정되나요? 이 질문에 "No"라고 대답할 사람은 없을 것입니다. 누구나 친구들이 자신을 멋지고, 예쁘고, 똑똑하고, 웃긴 사람으로 봐주길 바라며 이로 인해 스트레스를 받습니다. 하지만 명심하세요. '모두의 인정'이란 애초에 불가능한 미션입니다. 사람은 각기 다른 개성을 가지고 있으니까요. 나의 드립에 유진이는 "크크크." 웃어도 정호는 "뭐냐?"며 짜증 낼 수 있습니다. 모든 친구들의 입맛에 자신을 맞추는 일은 나를 설탕물도, 소금물도 아닌 무색 무취 맹물로 만들어 버립니다.

모두에게 잘 보이는 일은 불가능합니다. 그렇다고 친구들의 평가를

아예 신경 끌 수도 없죠. 참 어려운 문제네요. 자, 이 난해한 문제의
답을 알려 드리겠습니다.

"친구들의 평가 따위는 대부분 무시해 버려요!
신경을 쓸 일은 10%, 나머지 90%는 깡그리 머릿속에서 지워 버리세요!"

90%나 무시해 버리면 친구들이 나에 대해 뭐라고 할지, 혹 나를 비
웃지는 않을지 걱정되지요? 하지만 이 이야기를 잘 들어 보면 안심이
될 거예요. 친구들의 시선 90%를 무시해도 되는 이유는 세 가지나 있
습니다.

이유 하나, 친구들이 '○○의 단점은 무엇일까?'라는 주제로 열띤
토론회를 열 것 같지만 사실 친구들은 당신에게 관심이 없습니다. 어
떤 옷을 입었는지, 말투가 어떤지, 똑똑한지, 멍청한지, 신경 쓰지 않
습니다. 실제 증거를 보여 줄게요. 반에서 별로 친하지 않은 친구 세
명을 떠올려 보세요. 그 친구가 3일 전 어떤 옷을 입었었나요? 어떤
말을 했나요? 그 친구의 고민이나 단점은 무엇인가요?

어때요? 머릿속이 하얘지지 않나요? 흐릿한 이미지는 그려지지만
똑 부러지는 대답은 안 떠오릅니다. 원래 인간은 남의 일에 별 관심이
없습니다. 여러분과 마찬가지로 친구들도 여러분의 단점이 무엇인지
별로 궁금해 하지 않습니다. 일부러 알려 주어도 귀찮아할 거예요. 만
약 당신의 단점과 고민들을 아는 친구가 있다면? 그 친구는 당신에게
관심이 있습니다. 그 친구와 가까워져 보길 추천합니다.

이유 둘, 친구들의 시선을 너무 신경 쓰다 보면 내가 하고 싶은 말을 할 수 없게 됩니다.

'이 농담을 하면 친구들이 재미없다고 하지 않을까?'

'내가 여기서 이 말을 하면 넌씨눈이라고 욕먹지 않을까?'

이런 생각이 머릿속에 꽉 차 있으면 하고 싶은 말도, 행동도 주저주저하게 됩니다. 말도 못하고 우물쭈물하는 친구를 보면 어떤 기분이 들까요? 답답하지요. 모두에게 인정받으려는 노력이 오히려 당신을 소심이, 답답이로 만들지도 모릅니다.

이유 셋, 친구들의 시선을 신경 안 쓰고 행동하는 일이 오히려 인기의 비결이 될 수도 있습니다. 갓난아이를 생각해 봅시다. 갓난아이는 본능대로 행동합니다. 먹고 싶은 대로 먹고, 싸고 싶을 때 싸지요. 멍청하고, 더럽고 답답합니다. 갓난아이가 이렇게 행동할 수 있는 이유는 남의 눈치를 보지 않기 때문입니다. 부끄럽다는 생각조차 없으니 자신을 그대로 드러내는 데 당당합니다. 그런 모습을 본 사람들은 나도 모르게 중얼거리게 됩니다. "진짜 귀엽다."

깜빡하는 건망증, 지저분한 모습, 끝없는 식탐, 당신만의 엉뚱함이 남들에게는 매력으로 느껴집니다. 그 매력이 친구들을 끌어들일 거예요.

마지막, 친구들의 시선 90%를 무시하되 10%는 꼭 신경 써주세요. 이 10%는 친구들에게 상처 주는 일입니다. 있는 모습 그대로 보이되 그렇다고 이기적으로 굴거나, 친구에게 상처 주어서는 안 되겠죠. 무신경하되 주변을 배려하는 친구가 되어 주세요. 남에게 상처 주는 사람에게 친구가 모일 리 없습니다. 그런 아이 곁에 친구가 있대도 잠시 뿐입니다. 남에게 상처 주는 관계는 결코 오래가지 못하니까요.

> 남들이 나를 어떻게 생각할까 걱정하지 마라.
> 남들은 나에 대해 많이 생각하지 않는다.
> 만약 생각한다면 그건 관심 있기 때문이다.
> – 엘레노어 루즈벨트

나의 부끄러운 면이
진짜 우정을 만든다

아직도 있는 그대로 자신을 드러내기 두려운 친구들에게 영화의 한 장면*을 소개하겠습니다. 이 영화의 주인공 윌은 어렸을 적 상처로 자신을 드러내는 일을 극도로 두려워합니다. 자기 얘기를 해야 할 때면 항상 말을 돌리거나 농담으로 피하려고만 하죠. 그런 윌의 모습을 눈치챈 상담사 숀 선생님은 죽은 아내와의 경험을 들려줍니다.

 "그녀와 만났다고?"
"네, 지난주에 데이트했어요."

● 　소개할 대화는 영화 '굿 윌 헌팅(Good Will Hunting)'의 한 장면을 각색한 대화입니다.

"어땠어?"

"좋았어요."

"또 만날 거야?"

"……몰라요."

"왜?"

"그냥 잘 모르겠어요."

"풋, 이제 보니 아마추어군"

"다 작전이에요."

"어련하겠냐."

"쓸데없는 걱정 마요. 내가 다 알아서 할 테니까. 하여간 그 여자애는 똑똑하고 예쁘고 재밌어요."

"그럼 전화해, 로미오."

"그러다 지루하고 멍청한 여자라는 걸 알면 어떡해요? 지금 이 상태가 완벽하다고요. 이미지 망치기 싫어요."

"반대겠지."

"네?"

"반대로 완벽한 네 이미지를 망치기 싫어서겠지. 지금까지 너를 완벽한 사람으로 꾸며 놓았으니, 상대방에게 부끄러운 모습을 보일까 두렵겠지. 계속 만나면 네 진짜 모습이 드러날 테니까."

"……."

"그런 식으로 살면 아무도 진실하게 사귈 수 없어. 월, 비밀 하나 알려 줄까? 내 아내는 긴장하면 방귀를 뀌곤 했어. 여러 앙증맞은 버릇이 많았지만 그게 최고야. 심지어 자면서까지 방귀를 뀌었어."

"으웩, 더러워요."

"하하, 지저분한 말 해서 미안하군. 어느 날 밤엔 어찌나 소리가 컸던지 개까지 깨버렸어. 그리고 벌떡 일어나 '당신이 뀌었어?!' 하는 거야."

"크크크큭."

"차마 진실을 말할 용기가 안 나서 '응, 미안' 하고 말았다니까. 하하 하…."

"쿡쿡. 자기 방귀에 놀라서 깼다고요?"

"그렇다니까 정말이야. 하하"

"크하하하하. 진짜 더러워요. 크크큭 정말."

"하하하. 아… 정말… 웃겼어…… 아내가 세상 떠난 지 벌써 3년이나 됐는데 그런 기억만 생생해. 더럽지만 나에겐 정말 멋진 추억이야. 그런 사소하고, 부끄러운 일들 말이야. 제일 그리운 것도 그런 것들이지. 나만 아는 아내의 부끄러운 버릇들. 그게 바로 내 아내니까. 반대로 아내는 내 작은 버릇들을 다 알고 있었지. 정말 병신 같은 버릇들도. 남들은 그걸 단점으로 볼지 모르지만, 오히려 그 반대야. 그런 점들이 서로의 세계로 끌어들이는 거야. 완벽한 인간 따위 있다 해도 한 트럭을 가져온 대도 내 아내와 바꾸지 않을 거야."

"……."

"…껍질은 깨지라고 있는 거란다."

📋 **불완전하고 부끄러운 면이 서로를 끌어들인다.**

마음에 드는 그 아이와 가까워지는 방법

단순 노출 효과 실험

가까워지고 싶은 친구가 있나요? 우리 반에서 제일 잘생긴 혹은 예쁜 그 아이, 항상 재미있고 활기찬 그 아이, 조용하지만 왠지 모를 매력을 뿜뿜 하는 그 아이. 마음속에 떠오르는 누군가가 있을 거예요. 나는 그 애를 힐끔힐끔 훔쳐보지만 그 애는 나에 대해서 잘 모릅니다. 이렇게 낯설기만 한 그 애와 어떻게 해야 가까워질 수 있을까요? 지금부터 나오는 주제들은 그 아이와 가까워질 수 있는 방법들입니다.

우선 가장 이상적인 방법을 소개합니다. 옷, 머리스타일, 운동을 통해 멋진 외모를 만들고, 춤, 운동, 공부 등을 열심히 하는 모습을 보여주고, 활발하고 재밌고 긍정적으로 생활해서 '내가 매력적인 사람이 되는 것'입니다. 너무 어렵다고요? 맞아요. 많은 시간과 노력이 필요하지요. 하지만 욕심내지 말고 한 걸음씩 전진하자고요.

'멋진 사람이 되라'는 하나 마나 한 얘기를 하려는 건 아니니 걱정은 접어 두세요. 지금부터 어렵지 않고 누구나 실천할 수 있는 쉬운 방법을 알려 드릴게요. 쉽지만 효과는 확실한 방법, 그 시작은!

'그 애랑 최대한 자주 마주친다.'입니다.

하하, "에이 그게 뭐야?"라는 야유가 들리네요. 너무 간단해서 허무하지요? 인정합니다. 그런데 "자주 마주친다고 뭐가 달라져?"라는 야유라면 잠시 접어 주세요. 당신은 '오래 보면 정든다'의 힘을 너무 얕보고 있습니다. 마주침은 친밀감을 만드는 데 엄청난 효과가 있어요. 이 현상을 처음 발견한 심리학자는 스탠포드대학교의 로버트 자이언스(Robert Zajonc)와 피츠버그대학교의 리처드 몰랜드(Richard L Moreland)입니다. 이들은 이 현상을 단순 노출 효과(Mere exposure effect)[5]라고 이름 붙였어요. 단순 노출 효과에 관한 실험 중 가장 흥미진진한 몰랜드의 실험[6]을 소개할게요.

몰랜드는 자주 마주치는 일이 무의식에 얼마나 큰 영향을 끼치는지 증명하는 실험을 설계합니다. 실험 과정은 대학교 수업에 가짜 여학생들을 출강시킵니다. 이 실험에서 몰랜드가 가장 신경 쓴 일은 여학생들의 외모입니다. 외모에 따라 호감도가 달라질 수 있으니 몰랜드는 비슷한 외모의 여학생 4명을 뽑느라 고생했다고 합니다. 몰랜드는 130명이 넘게 듣는 큰 강의실에 비슷하게 생긴 여학생 4명 중 3명을 출석시켰어요. 몰랜드는 이 여학생들에게 지켜야 할 규칙을 줍니다.

강의실에서 아무 말 안 하기.

누구와도 개인적인 대화를 나누거나 따로 만나지 않기.

어떤 튀는 행동도 하지 않기.

끝나자마자 바로 강의실 빠져나오기.

그렇게 여학생 3명이 한 학기 동안 수업에 출석했어요. 차이점은 여학생이 출강하는 횟수입니다.

① 여학생 → 0번   ② 여학생 → 5번   ③ 여학생 → 10번   ④ 여학생 → 15번

이렇게 학기가 끝났습니다. 몰랜드는 강의 마지막에 수강생 130명을 대상으로 설문조사를 실시합니다. 몰랜드가 선발한 여학생 4명의 사진을 차례로 보이고는 각 여학생의 친숙함, 호감도, 매력에 대한 점수를 측정하는 조사였어요. 그리고 130명의 점수 평균을 계산합니다. 130명의 학생들은 누구를 가장 친숙하고, 호감 있고 매력적인 여학생으로 뽑았을까요?

실험결과는 0 → 5 → 10 → 15 순으로 출석횟수가 많을수록 친숙함, 호감도, 매력이 높았습니다. 이 실험에서 가장 주목할 점은 여학생들이 자신의 매력을 보여 줄 어떤 말이나 행동도 하지 않았다는 것입니다. 여학생은 그저 130명 주변을 지나가거나 근처에 앉아 있었을 뿐입니다. 여학생을 주목한 학생도 별로 없었을 거예요. 실험결과가 오염되는 것을 막기 위해 몰랜드는 평범한 외모의 여학생을 선발했으니까요. 그럼에도 불구하고 여학생 ①과 ④의 호감도, 매력은 굉장히 큰

차이가 났습니다.

또 한 가지 주목할 것은 단순노출 효과가 무의식적인 과정이라는 점입니다. 130명 중 같이 수업을 들었다는 사실은 물론 여학생의 얼굴을 기억하는 학생이 거의 없었습니다. 그저 주변을 스쳐지나간 것만으로 학생들은 여학생을 더 매력적으로 느낀 것입니다.

참 쉽지요? 좋아하는 그 아이에게 본격적으로 다가가기 전에 최대한 자주 마주치세요. 굳이 말을 걸지 않아도, 멋진 모습을 보이려 애쓰지 않아도 돼요. 그저 주변을 맴돌며, 그 애 옆을 지나가세요. 그것만으로도 당신의 호감도와 매력은 상승합니다. 가랑비에 옷 젖듯이.

📑 **자주 마주치는 일. 거기서부터 시작이다.**

호감이 호감을 낳는다
호감의 영향력 실험

💬 **신데렐라 이야기**

홍대의 한 카페, 사람들의 시선은 한곳을 향해 있다. 흘끔 흘끔 보는 사람, 넋을 놓고 보는 사람. 그들의 눈길이 향하는 테이블에는 한 남자가 있었다. 180cm가 훌쩍 넘는 큰 키, 긴 손가락, 하얀 피부, 조각 같은 얼굴은 마치 TV를 금방 뚫고 나온 듯 보였다. 살짝 찌푸려진 미간이 더욱 매력적이다. 모두의 시선을 뺏은 남자는 정작 주변은 신경도 쓰지 않은 채 창밖을 보며 사흘 전 일을 떠올리고 있었다.

"어머나!!"

음식을 나르던 여직원이 갑자기 발을 헛디뎌 남자에게 음식을 쏟았다. 남자의 차가운 얼굴이 더 얼음처럼 굳었다.

"어떡해요. 손님. 죄송합니다."

"지금 무슨 짓이야?"

"잘못했습니다. 죄송합니다."

"이 레스토랑도 끝이군. 됐으니 비켜."

남자는 표정 변화도 없이 중얼거렸다. 그 차가운 모습에 여직원은 더 어찌할 바를 몰랐다. 바들바들 떠는 여직원 옆으로, 동료 여직원이 화난 얼굴로 다가왔다.

"잠깐, 말이 너무 심하시네요."

"뭐?"

"사과하고 있잖아요. 용서를 구하잖아요."

"홋. 지금 우정놀이 하는 건가?"

"그래요. 우정놀이예요. 내 친구 얼굴을 살펴봤어요? 지금 열이 39도인데도, 제정신이 아닌 채 일하고 있다고요. 그것도 집에 급한 일이 생긴 친구를 대신해서요. 당신처럼 거들먹거리는 사람한테 '끝'이라는 말을 들을 아이가 아니라고요."

커피숍에 앉아 있던 남자의 미간이 더욱 찌푸려졌다.

'왜 그 재수 없는 여자애가 자꾸 생각나지. 설마 그런 평범한 애를…. 아니지, 아니야.'

남자는 생각을 털어 내려는 듯 머리를 세차게 저었다.

'너무 황당해서 그렇겠지. 확인하기 위해서라도 그 레스토랑에 가야겠어.'

벌떡 일어난 남자의 얼굴에 옅은 미소가 스쳤다.

엉뚱하고 불쾌한 다툼으로 시작된 첫 만남. 짜증만 가득했지만 왠지 모르게 끌리는 남과 여. 하지만 점점 호감과 애정이 싹트고… 그들의 로맨스는 이렇게 시작된다.

어디선가 본 듯한 스토리죠? 서로 미워하다 사랑하는 커플은 웹툰, 웹소설, 드라마, 영화에서 무한 반복되는 줄거리입니다. 자주 쓰인다는 것은 보고 또 봐도 빠져드는, 매력적인 스토리라는 뜻도 되지요. 그래서 그런지 많은 사람들이 이런 믿음을 가집니다.

"그 아이에게 관심 없는 척하고, 놀리고 틱틱 대면 '다들 나한테 잘해 주는 데 쟤는 왜 그러지? 뭔가 달라.'라고 생각하겠지. 나에게 더 관심을 가질 거야. '쟤는 정말 특별해.'라고 생각할지도 몰라. 그렇게 관심을 끌다가 나중에 극적인 반전으로 나에게 빠져들게 만들어야지."

혹시 이런 믿음을 실행해 본 적이 있나요? 결과는 어땠나요? 드라마처럼 더욱 가까워졌나요? 환상을 깨버려 미안해요. 이 믿음은 절대로 따라 해서는 안 될 최악의 방법입니다. 왜 최악의 방법인지 심리학 실험을 통해 살펴볼게요.

미국 아델파이대학교의 심리학자 레베카 커티스(Rebecca C. Curtis)는 상대방의 호감에 대한 판단(상대방은 나에게 호감을 가졌다. 또는 나를 싫어한다)이 행동에 어떤 영향을 끼치는지 알고 싶었습니다. 심리학자들은 궁금하면 어떻게 할까요? 실제와 최대한 비슷한 상황의 실험을 설계합니다. 커티스도 굉장히 재미있는 실험 7을 만들었어요.

커티스는 실험에 자원할 대학생 60명을 모집합니다. 그리고 둘씩 짝 지워 총 커플 30쌍(대부분 동성커플)을 만들었어요. 커티스는 몰래 커플 구성원 각각에게 이름을 붙입니다. 커플 중 한 명은 목적이(target, 실험대상), 나머지 한 명은 느낌이(perciever, 느끼는 대상)입니다. 목적이와 느낌이는 5분간 서로 소개하고 알아봅니다. 그 후 커티스는 둘 중 느낌이를 먼저 불러 이렇게 이야기합니다.

"이 실험은 낯선 상대에 대한 인상이 어떻게 형성되는지, 어떻게 서로를 알아 가는지를 조사하는 실험입니다. 그러니 상대방과 자연스럽게 대화하세요. 조금 후에 시작할 테니 이번에는 목적이에게 들어오라고 전해 주세요."

느낌이가 방을 떠난 후 목적이가 들어옵니다. 커티스는 목적이에게 이야기합니다.

"자, 아까 5분간 짝과 서로에 대해 알아보는 첫 만남을 가졌지요? 그걸 바탕으로 짝에 관한 대인관계 검사(상대방과 같이 작업하고 싶다. 상대방과 대화해 보고 싶다. 상대방을 좋아하게 될 것 같다. 등)를 작성해 주세요. 짝도 작성했어요."

그리고 검사를 완료한 목적이에게 슬쩍 이야기를 흘립니다.

"사실 비밀인데, 느낌이의 대인관계 점수가 굉장히 높았어요. 느낌이는 당신을 상당히 마음에 들어 하는 것 같아요(혹은 당신을 싫어하는 것 같아요). 목적 씨가 이 사실을 안다는 걸 짝이 눈치채면 안 됩니다. 모르는 척 행동해야 해요. 이 실험은 당신을 좋아하는(혹은 싫어하는) 느낌이가 당신에게 어떻게 행동할지 알아보는 게 목적이니까요. 느낌이를 연구진 2명이 몰래 관찰할 거예요. 저의 관심은 오직 느낌이에게만 있으니 목적 씨는 그저 자연스럽게 짝과 대화해 주세요. 다시 말하지만 절대 티내면 안 됩니다."

커티스는 몇 번이나 거짓말을 했을까요? 사실 모든 말이 거짓입니다. 커티스의 말을 전부 뒤집어야 진실이 보입니다. 여기에는 두 가지 진실이 숨어 있습니다.

첫 번째, 느낌이는 대인관계 검사가 있는지도 모릅니다. 느낌이가 목적이를 마음에 들어 한다는(혹은 싫어한다는) 말은 거짓이에요. 두 번째 "목적이는 관심 없고 오직 느낌이만 관찰하니 안심하세요."라는 말도 완전 반대입니다. 커티스와 연구진들은 느낌이는 관심 없고 오직 목적이만 관찰합니다. 그래서 목적이(target)라 이름 붙인 것이지요.

이제 커티스는 목적이에게 '느낌이가 나를 좋아한다(혹은 싫어한다)'는 착각을 심어 주는 데 성공했습니다. 정작 느낌이는 목적이에게 아무 감정 없어요. 이제 실험의 진짜 의도가 드러납니다.

'목적이는 자신을 좋아하는 혹은 싫어하는 짝을 어떻게 대할까?'

커티스와의 개인 인터뷰 후 커플 30쌍은 다시 만나 10분간 토론을 합니다. 주제는 당시 미국 사회에서 논란이 된 사회 문제들(낙태, 의료 보험, 핵무기 등)이었어요. 사실 주제는 중요치 않아요. 커티스가 알고 싶은 것은 목적이의 반응이었으니까요. 연구진 2명이 거울 뒤에서 목적이의 말투, 눈길, 몸짓을 관찰합니다. 토론 후 목적이, 느낌이 모두에게 상대방의 인상을 묻는 설문 22문제를 작성합니다.

이제 실험은 대단원의 막을 내렸습니다. 결과는 어땠을까요? 설문 22문제의 결과 중 통계적으로 증명된 결과만 보여 드릴게요. 첫 번째 목적이의 설문 결과입니다.

| 목적이의 설문조사 결과 |

'느낌이는 나를 좋아해.'라고 착각한 목적이	'느낌이는 나를 싫어해.'라고 착각한 목적이
- 느낌이는 나를 좋아한다.	- 느낌이는 나를 싫어한다.
- 나도 느낌이를 좋아한다.	- 나도 느낌이를 싫어한다.
- 느낌이는 따뜻한 사람이다.	- 느낌이는 따뜻하지 않다.
- 느낌이는 친근하다.	- 느낌이는 친근하지 않다.
- 나는 느낌이와 있을 때 편안하다.	- 나는 느낌이와 있을 때 편안하지 않다.
- 느낌이는 나에게 관심이 있다.	- 느낌이는 나에게 관심 없다.
- 나는 느낌이와 다시 과제를 함께하고 싶다.	- 나는 느낌이와 다시 과제를 함께하고 싶지 않다.
- 느낌이와 다시 만나고 싶다.	- 느낌이와 다시 만나고 싶은 마음이 없다.
- 느낌이는 자신을 솔직히 잘 드러낸다.	- 느낌이는 자신을 감춘다.
- 나도 내 자신을 솔직히 드러낸다.	- 나도 내 자신을 감췄다

목적이와 느낌이는 이 실험을 통해 처음 만났어요. 서로 아무것도 모르는 낯선 사이였죠. 그런데 목적이는 '느낌이가 나를 좋아한다는 착각'만으로 느낌이가 따뜻하고, 편안하고, 다시 만나고 싶고, 자신을 솔직히 드러내고 싶다는 마음을 갖게 됩니다. 마음만 그랬을까요? 둘이 토론할 때 거울 뒤에서 목적이의 행동을 지켜본 연구진은 이렇게 기록했어요.

| 목적이의 행동 |

'느낌이가 나를 좋아해.'라고 믿는 목적이	'느낌이가 나를 싫어해.'라고 믿는 목적이
- 전반적 태도 : 긍정적. - 목소리 톤 : 따뜻함. - 자신에 대해 솔직히 이야기함. - 의견 충돌 : 적음.	- 전반적 태도 : 부정적. - 목소리 톤 : 따뜻하지 않음. - 자신에 대해 솔직히 이야기하지 않음. - 의견 충돌 : 있음.

직접 관찰된 행동도 목적이는 느낌이에게 따뜻했습니다. 더 솔직했고, 토론 중 의견 충돌도 훨씬 적었으며, 말투도 나긋나긋했다고 해요. 목적이들은 실험 전 커티스에게 "실험을 위해 최대한 자연스럽게 행동하세요."라는 당부를 들었기에 최대한 중립적이고, 자연스럽게 행동했어요. 그럼에도 불구하고 나를 좋아하는 사람과 싫어하는 사람을 대하는 태도는 확연히 달랐습니다.

그렇다면 느낌이는 목적이를 어떻게 느꼈을까요? 설문 결과는 아래와 같습니다.

| 느낌이의 마음 |

'느낌이가 나를 좋아해.'라고 믿는 목적이	'느낌이가 나를 싫어해.'라고 믿는 목적이
- 목적이는 나를 좋아한다. - 목적이는 따뜻한 사람이다. - 목적이는 친근하다. - 나는 목적이와 있을 때 편안하다. - 나는 목적이와 다시 과제를 함께하고 　싶다. - 목적이와 다시 만나고 싶다. - 목적이는 자신을 솔직히 잘 드러낸다. - 나도 목적이를 좋아한다.	- 목적이는 나를 싫어한다. - 목적이는 따뜻하지 않다. - 목적이는 친근하지 않다. - 나는 목적이와 있을 때 편안하지 않다. - 나는 목적이와 다시 과제를 함께하고 　싶지 않다. - 목적이와 다시 만나고 싶은 마음이 없다. - 목적이는 자신을 감춘다. - 나는 목적이를 좋아하지 않는다.

앞서 말했지만 느낌이는 목적이가 착각(느낌이가 나를 좋아한다, 싫어한다)하고 있다는 사실을 몰랐어요. 그저 목적이를 날 것 그대로 평가했습니다. 그랬더니 자기를 좋아한다고 착각한 목적이에게 굉장히 좋은 인상을 받았습니다. 목적이는 따뜻하고, 친근하고 편안한 사람이고, 다시 만나고 싶은 사람이 됐어요. 더 나아가 느낌이도 목적이를 좋아하게 되었지요.

흥미진진한 커티스의 실험은 여기까지입니다. 속고, 속이고, 착각하고, 연기하느라 복잡했지만 사실 실험 결과는 간단합니다.

"사람들은 나를 좋아해 주는 사람

(사실은 그것이 착각이라 해도)을 좋아한다. 그리고 나를 좋아한다고

149

생각하는 사람에게 무의식적으로 잘 대해 준다."

이를 심리학에서는 상호성의 법칙(Reciprocality Principle)이라고 합
니다. 인간은 나를 좋아해 주는 사람에게 편안함, 친근함을 느껴요.
이 편안함은 호감으로 발전하지요. 상대방을 따뜻하게 대하고, 말투
도 나긋나긋 변합니다. 신기한 것은 이 모든 것이 나도 모르게 무의식
적으로 일어난다는 점입니다. 목적이가 나름 티 안 나게 연기하려고
노력했던 걸 기억하시죠? 하지만 느낌이는 목적이의 따스함을 알아
차렸어요. 나도 모르게 새어 나오는 따뜻함은 상대방에게도 전염됩니
다. 아무것도 모르는 느낌이도 자기를 좋아한다고 착각한 목적이에게
호감을 느낀 것이 그 증거이죠.

반대의 경우도 마찬가지입니다. 상대방이 나를 싫어한다고 믿으면
나도 모르게 그 사람이 싫어집니다. 상대방의 행동 하나하나가 차갑
게 느껴집니다. 그것이 착각이라도 말이죠. 나도 모르게 거부감을 표
시합니다. 역시 목적이는 티를 안 내고 자연스럽게 연기했지만 느낌
이는 알아차려 버렸죠. 결국 느낌이도 목적이를 싫어하게 됩니다.

이제 여러분의 마음을 한번 들여다봅시다. 친구들이 나를 좋아해
줬으면 좋겠지요? 이 질문에 "아니오."라고 대답하는 사람은 없습니
다. 살기 위해 동료를 갈구했던 우리 조상들은 사랑받고 싶은 욕망을
우리 유전자에 새겨 놓았으니까요. 그러니 누군가 나를 좋아해 주면
즐거운 마음이 드는 것이 당연합니다. 나를 좋아해 주고, 잘해 주는
사람에게 마음이 끌리는 것도 자연스런 현상입니다. 반면 웹툰, 드라

마처럼 좋아하는 그 애에게 틱틱 거린다면 그 아이는 당신을 경계하고 싶어할 거예요.

명심하세요. 그 아이와 가까워지는 진짜 효과적인 방법은 그 아이에게 호감을 표현하는 것입니다.

"너 참 멋있다, 예쁘다, 재밌다, 귀엽다." 혹시 이런 말이 너무 부끄럽다면 주변을 통해 간접적으로 전달하는 방법도 있어요. 주변 친구들에게 이렇게 이야기하세요. 소문은 로켓보다 빠르게 그 아이에게 도착할 거예요.

"난 그 애가 참 좋더라. 마음에 들더라."

"나 그 애와 친해지고 싶어."

누군가를 좋아한다고 말하는 건 부끄럽기도 해요. '혹시나 무시당하면 어쩌나, 찐따, 바보라고 손가락질하지 않을까?' 하고 걱정도 되지요. 하지만 부끄러움에 주저앉는다면 아무것도 변하지 않아요. 가까워지고 싶은 누군가가 있다면 한번 용기내서 표현해 보세요.

"난 너와 친해지고 싶어."라고.

👆 부끄러움은 잠시, 용기를 가져보자

단 한 번의 만남으로 마음을 사로잡는 대화법

💬 "제가 사실 심리학자가 개발한 '서로 친밀해지는 방법'을 찾아왔어요. 아주 재미있는 연구예요. 늘 직접 해보고 싶었어요."

캐트론은 같은 대학에서 일하는 그 남자에게 말했다. 암벽등반 훈련장에서 한 번씩 마주치면 늘 먼저 말을 걸어 보고 싶던 상대였다. 캐트론에게 낯선 이와 친해지는 건 답답하고 힘든 일이었다. 그래서 캐트론은 현명한 사랑을 할 수 있는 어떤 과학적인 방법을 찾아냈다.

"아주 간단해요. 마주 앉아 서로의 눈을 바라보며 연구의 대화법을 따라 질문을 주고받는 거죠."

"참 신기하네요. 우리도 한 번 해보죠."

캐트론과 남자는 카페에 앉았다. 대화를 하며 서서히 둘 사이의 벽은 낮아지고 어느새 친밀감이 느껴졌다. 몇 주, 몇 달간 함께 지내야 느낄 수 있는 정도였다. 그가 잠깐 화장실에 간 사이 캐트론은 어느새 해가 지고 있는 걸 깨달았다. 이렇게 시간이 흘렀다니. 그가 돌아오고 다시 대화가 이어졌다.

"이제 마지막 단계네요. 서로 눈을 바라보기."

캐트론은 말했다.

"전 준비됐어요."

남자가 말했다.

캐트론은 스릴을 즐긴다. 짧은 줄 하나를 달고 절벽에 매달린 적도 있었다. 그러나 누군가의 눈을 3분간 고요히 쳐다보는 건 그녀의 삶에서 가장 오싹하면서도 충격적인 경험이었다. 처음 1분은 긴장되어 웃음이 자꾸 나왔지만, 마침내 그들은 진정되었다. 그 이후 캐트론은 감동을 느꼈다. 단순히 누군가를 바라보는 것 때문이 아니라 진심으로 자신을 바라보는 누군가를 보고 있다는 감격이었다.

"따르릉."

알람이 울리자 캐트론은 놀랐고, 약간 안도감을 느꼈다. 동시에 아쉬웠다. 그들은 이미 이날 저녁을 꿈같이 기이하고 아름답고 무엇보다 따뜻한 기억으로 느끼게 되었다.

이후 둘은 어떻게 되었을까요? 서로 친밀해지는 것을 넘어서 사랑하는 연인이 되었다고 합니다. 이 이야기는 캐트론의 실제 경험담입니다. 캐드론은 이 경험을 뉴욕타임스에 칼럼으로 실습니다. 이 칼럼의 제목이 의미심장합니다.

'사랑에 빠지고 싶다면, 이렇게 해보세요.'

To Fall in Love With Anyone, Do This [8]

한 번의 만남으로 몇 달치 친밀감을 느낄 수 있는 대화법, 심지어 이성끼리 사랑에 빠질 수 있는 대화법이 무엇인지 궁금하시죠? 소개하겠습니다. 뉴욕대학교의 심리학자 아서 아론(Arthur Aron)의 친밀감 생성 연구 [9] 입니다.

아론은 친밀감을 높이는 방법에 대해 관심이 많았습니다. 친밀감을 높이는 가장 좋은 방법은 당연히 대화이겠지요. 아론은 친밀감을 높이는 대화법을 개발하기 위해 우선 사람들은 어떻게 친밀해지는지 그 과정을 연구합니다. 아론에 따르면 사람들이 친밀해지는 과정은 다음과 같습니다.

1. 점진적 (escalating)

2. 상호적 (reciprocal)

3. 개인적 자기개방(personalistic self-disclosure)

4. 친밀한 행동(intimacy-associated behaviors)

1) 두 사람이 가까워지기 위해서는 '점진적'으로 서서히 다가가야

● 이 연구는 이성 간 사랑만이 아닌 모든 사람 사이의 친밀감을 주제로 한 연구입니다.

합니다. 처음 본 순간 "나와 사귀자!!"라고 말하는 데 "좋아"라고 대답할 사람은 없겠지요.

2) 대화는 한 사람만 계속 떠드는 것이 아니라 주고받으며 상호 진행되어야 합니다.

3) 가장 중요한 단계입니다. 앞서 '친구와 가까워지기 위해 가장 중요한 것은 자신을 있는 그대로 솔직히 드러내는 일'이라고 말했습니다. 아론의 생각도 같았습니다. 서로 솔직한 모습을 보여 줄 때 마음도 열린다고 믿었습니다.

아론의 표현에 따르면 친밀감이란 이렇습니다.

'상대방이 내 안으로 들어와 서로 연결되어 있다는 느낌
(including other in the self).'

나를 열어야 상대가 들어올 수 있습니다. 자기개방이 아론이 말한 친밀감 이론의 핵심입니다. 아론은 자기개방이란 목표 아래 나와 상대방을 활짝 열어 보일 수 있는 대화 주제들을 만들었습니다.

4) 마지막은 실천입니다. 대화 주제들로 서로 웃고, 내화합니다. 그리고 마지막에는 서로의 눈을 침묵 속에서 3분간 쳐다봅니다.

🖐 나를 열어야 그 사람이 들어올 수 있다.

'친밀감을 만드는 대화법' 실험

　아론은 자신의 친밀감 생성 모델을 실제 실험 █ °으로 증명하고 싶었습니다. 아론은 뉴욕대학교에서 대학생 100명을 모집합니다. 아론은 100명으로 커플 50쌍(이성 33쌍, 동성 17쌍)을 만듭니다. 50쌍은 모두 처음 본 사이이죠. 아론은 50쌍을 A, B 두 그룹으로 나눕니다. 본격적인 실험 전에 이들에게 간단한 설문조사(상대방에 대한 첫인상, 취향 등)를 합니다.

　"이 실험은 대인관계에 관한 실험입니다. 매우 재미있고 당신의 짝과 가까워지도록 만들어 줄 것입니다. 첫 번째 세트를 보고 15분간 대화를 나누세요. 그리고 2번째, 3번째 세트를 차례로 줄 것입니다. 역시 각 15분씩, 총 45분간 과제를 해주세요."

　참가자들은 45분간 대화를 했습니다. 하지만 대화 주제가 달랐지요. A 그룹은 아론의 자기개방 대화법을, B그룹은 단순한 대화(예: 할로윈 때 뭐했나요?, 왼손잡이가 오른손잡이보다 더 창의적이라고 생각하나요?)를 나눴습니다. 그리고 45분 후 각기 떨어져 서로의 친밀도에 관한 설문을 작성합니다.

　결과는 어땠을까요? 똑같이 45분을 대화했음에도 두 그룹의 친밀

●　이 연구는 이성 간 사랑만이 아닌 모든 사람 사이의 친밀감을 주제로 한 연구입니다.

도는 매우 달랐습니다. 단순한 대화를 했던 B 그룹의 친밀도 점수는 3.25였던 반면 아론의 대화법을 진행한 A 그룹은 4.06으로 25% 정도 더 높게 나타났어요. 또한 아론의 대화법은 동성, 이성 커플 모두에게 효과적이었습니다. 그리고 사전 설문조사 기억나시죠? 서로 첫인상이 별로였더라도, 서로 의견이 맞지 않았던 커플도 대화 3세트가 모두 끝난 후에는 친밀감이 높아졌습니다.

아론은 이에 그치지 않고 추가 실험을 했어요. 커플 58쌍을 대상으로 아론의 대화법을 실행한 후, 7주 뒤에 어떻게 지냈는지 조사했습니다. 58쌍 중 57%가 실험 후에도 한 번 이상 대화를 나눴습니다. 37%는 대화법을 실천한 후, 옆자리에 앉아 수업을 들었습니다. 그리고 35%는 식사를 하거나, 영화를 보는 등 수업 외 활동을 함께했다고 합니다.

45분 만에 친밀함이 생성되고, 상대와 계속 함께하고 싶도록 만드는 대화법, 궁금하지요? 마법의 대화법을 지금부터 보여 드릴게요.

시간에 구애될 필요 없이 자유롭게 의견을 나누세요. 먼저 한 사람이 읽고 내 답한 후 상대방도 대답해 주세요.

세트 I

1. 이 세상의 어떤 사람과도 저녁 식사를 할 수 있다면, 누구와 같이 먹고 싶어?

2. 유명해지고 싶어? 어떤 방법으로?

3. 누군가에게 전화 걸기 전에 '뭐라고 말해야 하지?' 생각하고 연습해 본 적이 있어? 왜 그랬어?

4. 너에게 '완벽한 날'이란 어떤 날이야?

5. 가장 최근에 스스로에게 노래를 불러 준 게 언제야? 남에게 불러 준 적은?

6. 너는 90살까지 살 수 있어. 30살 이후 60년을 살겠지. 30살 이후에 30살의 마음, 혹은 30살의 몸으로 살 수 있다면 몸과 마음 중 어느 쪽을 택할 거야?

7. 네가 어떤 모습으로 죽을지 너만의 예감이 있니?

8. 너와 나 사이에 있을 것 같은 공통점 세 가지를 말해 보자.

9. 너의 인생에서 가장 감사하는 것은 무엇이니?

10. 부모님이 너를 키운 방식 중 하나를 바꿀 수 있다면 어떤 걸 바꾸고 싶어?

11. 2분 동안 네 인생의 이야기를 가능한 한 자세하게 말해 줘.

12. 내일 아침 눈을 떴을 때 초능력을 가진다면 어떤 것이었으면 좋겠어?

세트 II

13. 너 자신, 너의 인생, 미래에 대해 진실을 말해 주는 수정 구슬이 있다면, 무엇을 알고 싶어?

14. 오랫동안 하고 싶었던 일이 있니? 왜 그 일을 하지 않았어?

15. 지금까지 네 인생에서 가장 잘해 낸 일은 무얼까?

16. 친구 사이에 가장 중요한 것은 뭐라고 생각해?

17. 가장 소중한 기억이 뭐야?

18. 가장 끔찍한 기억은?

19. 1년 뒤 갑자기 죽을 것이라는 사실을 알게 되면 지금 네 삶의 방식 중 어떤

걸 바꾸고 싶니? 왜?

20. 우정은 너에게 어떤 의미야?

21. 사랑과 애정은 너의 삶에서 어떤 의미가 있니?

22. 상대의 장점이라고 생각하는 것을 돌아가며 말해 보자. 5개가 될 때까지.

23. 너의 가족은 얼마나 화기애애하니? 너는 어린 시절을 다른 사람보다 더 행
    복하게 보냈다고 생각하니?

24. 어머니와 사이는 어때?

세트 III

25. "우리"로 시작하는 진실한 문장 세 가지를 말해 봐. 예를 들어, "우리는 둘
    다 … 느끼고 있어." 같은 문장으로.

26. 이 문장을 완성해 봐. "나는 … 를 함께 나눌 누군가가 있었으면 좋겠다."

27. 우리가 가까워지기 위해 너에 대해 알아야 할 가장 중요한 것은 뭘까?

28. 상대방이 마음에 드는 점을 말해 보자.

29. 각자 자신의 삶에서 창피했던 순간을 이야기해 보자.

30. 가장 최근에 다른 사람 앞에서 울었던 건 언제야? 혼자 운 적은?

31. 상대방에 대해 벌써 좋아진 점을 말해 보자.

32. 혹시 농담해서는 안 된다고 생각하는 것이 있다면 어떤 것들이 있어?

33. 오늘 밤 누구와도 연락하지 못하고 죽는다면 누구에게, 어떤 말을 못해서
    후회할까? 왜 아직까지 그 말을 하지 못했어?

34. 너의 모든 것이 있는 집이 불타고 있어. 가족들을 다 구한 후 마지막 한 가지
    만 가져올 수 있다면 어떤 것을 가지고 나올 거야?

35. 가족 중 누구의 죽음이 가장 슬플 것 같아? 그 이유는?

36. 내 문제를 털어놓고 상대방에게 조언을 구해 보세요. 그리고 상대방에게 물어보세요. 내가 그 문제를 어떻게 느끼는 것처럼 보였어?

자, 질문을 살펴본 느낌이 어땠나요? 이 질문들 중 그 사람과 꼭 이야기하고 싶은 주제를 찾았나요? 이 질문들은 보는 것만으로도 굉장히 불편해집니다. 속마음을 그대로 드러내어 주기 때문이에요. 이 대화를 통해 누구에게도 말하지 못한 비밀을, 심지어 나조차 깨닫지 못한 속마음까지 말할지도 모릅니다. 마음을 터놓는 순간 당신은 그 사람과 한걸음 더 가까워져 있을 거예요.

타인과 친밀해지는 것만큼 부끄러운 일은 없을지 몰라요. 하지만 그럴 만한 가치가 있습니다. 꼭 한 번 시도해 보세요. 동성이라면 절친이, 이성이라면 캐트론처럼 사랑에 빠질 수도 있을 거예요.

누군가와 진정 친밀해진다는 것은 부끄러운 일이다.
하지만 그럴 가치가 있다.

대화는 말이 전부가 아니다

카멜레온 효과 실험

"하하하. 호호호. 꺄르르르."

그 애가 내 이야기에 웃는 모습을 상상해 보세요. 생각만 해도 두근거리지요? 대화는 서로 가까워지는 가장 좋은 방법입니다. 어떻게 그 애를 웃겨 줄지, 어떤 상황에서 어떤 말을 해야 할지, 머릿속에 가상 대본을 써본 적 있을 거예요. 하지만 즐거운 대화의 핵심은 의외로 말이 아닌 곳에 있을지 모릅니다. 누군가 "그 애와 말이 잘 통해. 즐거워."라고 한다면 우리는 당연히 상대가 '말'을 잘했다고 생각합니다. 뉴욕대학교의 심리학자 타냐 카트랜드(Tanya L. Chartrand)는 이 생각에 의문을 품었어요.

"대화를 하며 서로에게 호감을 느끼는 데 '말'이 전부일까?"

카트랜드는 '말 이외의 무언가가 호감도를 결정할 수 있다.'는 가설을 세우고 이를 증명하기 위한 실험을 설계합니다. 이 실험 이름은 그 유명한 카멜레온 효과(The chameleon effect)[10] 실험입니다. 카트랜드는 남녀 대학생 78명을 실험 참가자로 모집합니다.

"자, 이 실험은 사람들이 사진을 보고 어떻게 묘사하는지 방법을 알아보는 실험입니다. 실험이 시작되면 두 명씩 짝을 지어 서로에게 각자의 사진을 말로 묘사해 주세요. 15분을 드리겠습니다."

그런데 사실 참가자 78명이 대화할 상대는 따로 있습니다. 여성 실험 보조원 4명이지요. 이 실험 보조원들은 모두 특별한 훈련을 받았습니다. 그 훈련이란 '상대방 행동 복사하기'입니다. 이들은 다리를 꼬거나, 다리를 떨거나, 손으로 얼굴을 긁거나, 몸이 왼쪽으로 기울어지는 등 상대방의 행동을 관찰해 은근슬쩍 자연스럽게 복사하는 훈련을 받았습니다.

이제 78명은 두 그룹으로 나뉩니다.

A 그룹 : 행동을 몰래 따라 하는 보조원과 대화

B 그룹 : 행동을 따라 하지 않는 보조원과 대화

B 그룹의 보조원들은 중립된 자세를 유지하는 훈련을 받았습니다. 긴장을 푼 채 두 발은 바닥에 딱 붙이고, 손은 사진을 잡거나 무릎에 얌전히 올려놓고 대화를 합니다. 15분간 사진 설명을 하고 나서 참가자들은 다른 방으로 옮겨 설문지를 작성합니다. 대화가 얼마나 부드

럽게 진행되었는지, 상대방에게 얼마나 호감을 느꼈는지를 측정하는 설문지였습니다. 과연 결과는 어땠을까요? 설문지를 통계적으로 분석한 결과는 다음과 같습니다.

"A 그룹이 B 그룹보다 상대에게 더 호감을 느꼈다.
대화도 더 부드럽게 진행되었다고 느꼈다."

이 결과는 통계적으로 아주 높은 수치(확률 98% 이상)를 보였습니다. '보조원 4명이 여자였으니까 남자들이 호감도를 높게 표시한 것은 아닐까?', '둘이 대화가 잘 통해서 이런 결과가 나온 것 아닐까?'라는 의심이 들 수도 있죠. 이 점은 카트랜드도 걱정했습니다. 그래서 카트랜드는 바깥에서 대화를 관찰합니다. 보조원이 실험 참가자와 몇 번 눈을 마주치는지, 몇 번 웃는지, 얼마나 친근하게 대하는지, 호감을 표시하는지를 기록했어요.

보조원의 행동	행동을 따라 한 A그룹	행동을 따라 하지 않은 B그룹
눈맞춤	1.4	1.6
웃음	1.4	1.7
친근한 표현	3	2.9
호감도	3.2	3.2

보조원이 표시한 친근한 표현의 빈도는 A, B 그룹 모두 거의 비슷했습니다. 남녀에 따른 차이 역시 없었습니다. A, B 그룹의 남은 차이점은 오직 하나, 실험 보조원이 '행동을 따라 했는가, 아닌가'였지요.

오직 이 차이가 보조원과 대화가 잘 통하고, 호감을 느끼게 만들었습니다.

왜 이런 일이 벌어졌을까요? 실험 참가자 중 아무도 이 이유를 설명할 수 없었습니다. 그도 그럴 것이 보조원이 자신을 따라 한다는 사실을 한 명도 눈치채지 못했으니까요. A 그룹 37명 중, 오직 1명만이 '상대방이 나와 비슷한 버릇이 있네.'라고 생각할 뿐이었습니다. 그나마 이 사람도 우연으로만 생각했지 보조원의 음흉한 목적은 상상도 못했다고 합니다.

대화 중 호감도를 높이는 방법은 '말, 유머감각, 예쁨, 잘생김'만이 아니라고 이 실험은 알려 줍니다. 나와 상대방이 비슷하다는 느낌을 주는 것만으로도 상대방에게 호감을 살 수 있습니다. 재미있는 점은 이 모든 과정은 나도 모르게 일어난 현상이라는 것입니다. 상대방이 나를 따라 했다는 사실을 몰라도, 나와 비슷하다는 인식조차 없어도 어느새 호감도는 올라갔죠. 대화도 더 잘 통한다고 생각했고요. 이렇게 본인도 모르게 호감을 살 수 있었던 이유는 무엇일까요? 그 이유는 바로 이것입니다.

"인간은 자신과 닮은 사람을 좋아한다."

네. 인간은 자신과 닮은 사람을 좋아합니다. 입맛, 취미, 좋아하는 드라마, 화내는 법, 화해하는 법, 성격 등 비슷한 사람들은 서로 호감을 느낍니다. 11

성격, 취향만이 전부가 아닙니다. 이와 관련된 굉장히 흥미로운 연구를 짧게 소개하겠습니다. 젊은 남녀, 늙은 남녀 사진 수십 장을 섞어 놓습니다. 그 안에는 실제 부부 사진이 섞여 있죠. 이 사실을 까맣게 모르는 참가자들에게 '닮은 사람 두 명 찾기' 미션을 준다면? 굉장히 높은 확률로 부부를 선택한다고 합니다. 12 참 신기하지요? 애초에 외모가 닮은 사람들끼리 사귀고, 결혼할 가능성이 높다는 것을 이 실험은 보여 줍니다. 닮은 사람이 끌리는 현상은 인종, 지역, 문화에 관계없이 관찰됩니다. 이것을 심리학에서는 사회적 호머거미(Social Homogamy)라고 부릅니다.

좋아하는 친구와 즐겁게 대화하고 싶나요? 그렇다면 그 아이의 행동을 관찰하세요. 그 아이의 버릇, 몸의 자세, 손짓, 다리 꼬기, 말투 등을 자연스럽게 따라 해보세요. 맞장구까지 치면 금상첨화겠지요? 그 아이가 웃을 때 따라 웃고, 그 아이가 화낼 때 따라 화내서, '우리 취향이 비슷하구나.'란 생각을 들도록 만드세요.

뭐니 뭐니 해도 가장 좋은 방법은 애초에 나와 성향이 비슷한 아이와 친해지는 것이겠지요? 그 아이와 비슷한 점이 많으면 많을수록 더 가까워질 수 있을 것입니다.

> 🖐 **외모, 취향, 입맛, 성격, 사소한 버릇까지**
> **인간은 비슷한 사람에게 끌린다.**

오래 지속되는 인간관계의 비밀

헤어짐을 예언하는 수학공식

마음에 드는 그 아이와 가까워졌다면 남은 문제는 그 친구와 오래 도록 잘 지내는 것이겠죠. 이 문제에 대해 정미는 고민이 많습니다.

'저는 일단 낯선 친구와 친해지는 것은 쉬운데 관계가 오래가지를 못해요. 얼마 전에도 워너원과 BTS 오빠들 중 누가 잘생겼는지 친구와 다투다가 사이가 틀 어졌어요. 친구가 떠나가고, 다른 친구와 더 가까워지고⋯ 이런 일이 반복돼요. 저도 한 친구와 오랫동안 베프로 남고 싶어요. 오래 사귀는 남친도 만들고 싶구 요. 특히 이번에 만난 그 애는 너무 마음에 들어요. 이 아이와는 오랫동안 가깝 게 지내고 싶은데 방법이 없을까요?'

정미와 비슷한 고민을 하는 친구들 많죠? 어떻게 하면 그 아이와 오랫동안 친하게 지낼 수 있을지에 대한 고민을 해결해 줄 영국과 미국의 점술사를 소개합니다. 이들은 부부관계 전문 점술사인데 정말 용하다고 소문이 났어요. 어떤 부부든 이 점쟁이 앞에서 15분간만 대화하면 부부가 계속 함께할지, 혹은 헤어질지를 족집게처럼 맞춘다고 해요. 그 적중률이 무려 94%라고 하니 귀신도 펑펑 울고 갈 수준이죠? 이 용한 점쟁이의 이름은 영국 옥스퍼드대학교의 수학자 제임스 머레이(James Murray)와 미국 워싱턴대학교의 심리학자 존 가트맨(John Gottman)입니다. 이들의 마법 같은 연구⑬를 지금부터 소개할게요. 이 연구가 더욱 흥미로운 점은 수학자와 심리학자의 만남 때문입니다. 왜 이 둘은 손을 잡게 되었을까요?

가트맨은 평생을 부부관계에 대해 연구하고 부부 상담을 한 심리학자입니다. 가트맨은 어떤 부부가 행복하게 살고, 어떤 부부가 이혼할지 알고 싶었어요. 막연한 짐작이 아니라 숫자로 정확하게 예측하고 싶었습니다. 이를 위해 수학자가 필요했습니다. '인간관계의 미래를 숫자로 정확하게 예측한다.' 정말 말도 안 되는 생각이지요? 과학이 아닌 점술사의 사업 영역이죠. 가트맨은 뻔뻔하게도 점술사의 영역을 접수하기로 결심합니다. 인간관계의 미래를 예측하는 수학공식을 만들기 위해 가트맨과 머레이는 손을 잡은 것입니다.

가트맨과 머레이가 미래를 예측하기 위해 주목한 것은 부부 간 대화입니다. 그들은 부부가 대화, 논쟁에서 어떤 표현들을 쓰는지 조사했습니다. 이 표현을 긍정적, 부정적 표현 14개로 분류했어요.

긍정적인 표현(5가지) : 애정, 기쁨, 유머, 의견 일치, 관심.

부정적인 표현(9가지) : 화, 거만함, 슬픔, 울음, 호전성, 방어적 표현, 회피하기, 혐오하기, 모욕주기.

이들은 신혼부부들을 모집합니다. 가트맨은 사전조사를 통해 개별 부부 간 의견 충돌이 큰 주제(남녀 차별 문제, 시댁 문제, 돈 문제 등)를 조사해 놓았죠. 부부는 이 주제로 15분간 대화합니다. 가트맨은 무려 700쌍 신혼부부의 대화를 녹음하고 분석했습니다. 14가지 표현별로 긍정표현에는 애정(+2), 관심(+1) 플러스 점수, 부정표현에는 회피(-1), 화(-2) 마이너스 점수를 주어 어느 쪽 비율이 높은지 알아보는 방식이었습니다. 이제 머레이의 차례입니다. 머레이는 이 비율로 저도, 여러분도 이해 못할 아주 복잡한 모델(difference equation model)을 사용해 수학공식을 만듭니다. 이 공식에 15분간 한 대화를 입력하면 부부는 5가지 종류로 분류됩니다.

1) **유효 부부** : 조용하고 서로를 배려하고 경험을 공유하는 친구 같은 관계.

2) **회피 부부** : 충돌이나 마찰을 의도적으로 회피하여 언제나 서로 긍정적으로 반응함.

3) **불안정 부부** : 열정적, 낭만적이지만 논쟁을 심하게 함.

4) **적대적 부부** : 서로 논쟁거리에 대해 말하기 싫어함. 대화가 거의 없음.

5) **적대적 고립 부부** : 한쪽은 화를 잘 내고 논쟁을 원하지만 상대방은 논쟁을 피함.

가트맨과 머레이는 ④적대적 부부, ⑤적대적 고립 부부는 언젠가 이혼할 것이라고 예측합니다. 이제 확인하는 과정만 남았죠? 둘은 부부 700쌍에게 1~2년마다 전화를 걸어 묻습니다.

"혹시 헤어지셨나요?"

이 질문은 참 끈질기게도 무려 12년간 지속됩니다. 그리고 12년 후, 최종확인 결과 ④, ⑤ 부부는 대부분 헤어졌습니다. 그 적중률은 무려 94%였어요. 가트맨과 머레이는 이 연구를 세상에 내놓습니다. 연구의 제목은 '결혼의 수학(mathematics of marriage)'[14]입니다. 연구가 발표되자 이혼 적중률 94%의 수학공식이 나왔다고 전 세계가 떠들썩했죠. 가트맨은 이 연구를 바탕으로 부부관계를 개선하는 상담 프로그램을 만들고 현재까지 상담원을 운영하고 있습니다. 인기가 무척 많다고 하네요.

자, 이제 다시 정미의 고민으로 돌아와 볼까요? 결혼의 수학은 비록 부부관계에 관한 연구이지만 친구 혹은 연인 사이에도 적용할 수 있습니다. 머레이, 가트맨의 연구에 따르면 적대적 관계, 적대적 고립 관계는 오래가지 못합니다. 그렇다면 어떻게 해야 적대적 관계에서 벗어날 수 있을까요? 가트맨은 이 질문의 해답을 단 한 문장으로 설명합니다.

"긍정적 상호작용과 부정적 상호작용의 비율 5 : 1 이상을 유지해라!"

아주 간단하지요? 이 5:1의 비율이 깨져서 4:1, 2:1, 1:1 같이 낮아질수록 헤어질 확률이 비약적으로 높아진다고 합니다. 반대로 둘의 비율이 6:1, 7:1, 15:1 같이 5:1보다 높아질 경우, 관계는 더욱 좋아지고 오래 지속됩니다.

애정 : 네가 좋아, 너와 함께 있어 즐거워, 넌 참 매력 있어, 네가 정말 마음에 들어.

기쁨 : 그렇게 말해줘서 고마워, 아! 오늘 날씨 참 좋다, 네 덕분에 진짜 즐거워.

유머 : 베를린에서 아무거나 먹으면 안 돼. 독일 수도 있어. ㅋㅋㅋㅋ

의견 일치(맞장구) : 네 말이 맞아, 내 생각도 그런데, 와 통했네.

관심 : 어, 너 머리스타일 바뀌었네, 잘 어울린다, 표정이 안 좋은데 어디 아파?, 오늘따라 예뻐, 저번에 고민했던 일은 어떻게 됐어?

당신이 정말 그 사람을 좋아한다면, 그 마음이 진짜라면 긍정표현 다섯 가지를 더 많이, 자주 말해 주세요. 상대방을 많이 칭찬해 주고, 맞장구를 쳐주고, 관심을 표현해 주세요. 가끔씩은 싸우기도 하겠죠. 하지만 싸움이 끝난 후에는 먼저 말해 주세요. "난 네가 정말 좋아, 계속 싸우기 싫어."라고요. 혹 이런 의문이 들 수도 있어요.

"그 애는 칭찬해도 아니라고 손사래 치던걸요? 오글거린다고 짜증내요. 이런 쑥스러운 말을 정말 싫어하는 사람도 있어요."

네, 그 사람은 겉보기에 너무 당당해서 쑥스러운 표현을 할 필요가 없어 보입니다. 하지만 그건 당신의 착각입니다. 우리는 모두 아주 어릴 때부터 부모님, 선생님 등 진심으로 인정받고 싶었지만 오히려 비난받은 경험이 있습니다. '사랑한다'는 말 대신 '짜증난다'를, '예쁘다,

잘한다'는 말 대신 '넌 왜 그것밖에 못하니?'라는 말을 들은 경험이 있습니다. 그래서 누구나 '더 똑똑했으면, 키가 조금 더 컸으면. 날씬했으면… 좋았을 텐데.'라고 강박적으로 생각합니다. 여러분도 그렇죠? 그 애도 마찬가지예요. 칭찬이 익숙하지 않은 사람은 있어도 진심 어린 관심과 칭찬을 싫어할 사람은 없습니다. 그 대신 주의할 것은 잘 보이려 억지로 꾸미는 말들은 효과가 없다는 점입니다. 긍정표현 다섯 가지에 진심을 담아 주세요.

진심은 언젠가 전달되고 거짓은 언젠가 들통나기 마련이니까요.

📋 **관계를 지속시키는 다섯 가지 비결을 기억하자.**
애정, 기쁨, 유머, 맞장구, 관심표현.

왕따는 너의 잘못이 아니다

과학자 아이작 뉴턴, 아인슈타인, 발명가 에디슨, 오바마 미국 대통령, 푸틴 러시아 대통령, 할리우드 인기배우 레오나르도 디카프리오, 헨리 카빌, 케이트 윈슬렛.

한 번쯤 들어 봤을 유명인들입니다. 이들의 공통점은 무엇일까요?

모두 학창시절 왕따를 당한 경험이 있다는 사실입니다. 세계적으로 유명하고, 각 분야에서 엄청난 존경을 받는 사람들이 왕따를 당했다니 믿어지지 않죠? 하지만 충분히 있을 수 있는 일입니다. 왜냐하면… 왕따는 당하는 사람의 문제가 아니라 따돌리는 친구들의 문제이기 때문입니다.

아무리 똑똑하고, 착하고, 멋있고, 예뻐도 왕따가 될 수 있습니다. 하늘에서 떨어지는 번개가 사람을 가리지 않듯 누구나 가해자의 변덕에 따라 왕따 피해자가 될 수 있습니다. 가해자가 친구를 따돌리는 이유는 얼핏 보면 성정이 악하거나, 괴롭힘을 즐기기 때문으로 보입니다. 하지만 이보다 더 근본적인 이유가 있습니다.

가해자는 약해 보이는 누군가를 괴롭힘으로서 자신의 상황을 증명하고 싶은 욕구가 있습니다. 괴롭힘으로 자신의 존재 가치를 확인하려는 것이죠. 왕따 가해자의 내면에는 확고한 자아 존중감 대신 열등감이 자리 잡고 있습니다. 부모, 형제, 친구 등 누군가에 대한 열등감을 친구를 괴롭히는 행동으로 푸는 것입니다.

만약 힘에 열등감이 있다면 힘이 약한 친구를 골라 괴롭히고, 공부에 열등감이 있다면 공부와 관련된 아이들(공부를 너무 잘하거나, 못하는 아이들)을 괴롭히죠. 가해자마다 다양한 열등감이 있습니다. 그렇기에 가해자가 누구를 골라 왕따를 시킬지 알 수 없어요. 그래서 꽃미남, 미녀 영화배우, 세기의 천재 과학자, 심지어 미래의 미국 대통령까지 왕따 피해자가 되었던 것입니다.

만약 당신이 지금 왕따를 당한다면 '나는 왜 왕따를 당할까….'하고 고민할 필요가 없습니다.

그건 당신의 탓이 아니기 때문입니다. 자기보다 약해 보이는 친구에게 욕구불만을 해소하는 가해자들의 문제이자 잘못입니다. 변해야 할 사람은 피해자가 아니라 가해자입니다. 살다 보면 내 잘못이 아닌데도 나를 고통스럽게 만드는 일들이 생기곤 합니다. 갑작스런 교통사고나 질병, 그리고 왕따입니다. 그나마 다행인 것은 교통사고와는 달리 왕따는 스스로 해결할 수 있는 방법이 있습니다.

1) 주변에 도움 청하기

'우리 문제에 어른을 끼어 들이는 것은 비겁해.'

'내가 약하다고 광고하는 것 같아 창피해.'

혹시 이런 생각으로 고민하지 마세요. 곤경에 처했을 때 도움받는 것은 당연합니다. 집에 강도가 들어왔어요. 당연히 경찰에 도움을 청해야 합니다. 다리가 부러졌어요. 당연히 의사에게 도움을 청해야 합니다. UFC 챔피언도 경찰서, 병원에 도움을 청합니다. '경찰에 신고하는 것은 비겁해. 내가 직접 해결해야지.', '의사라니. 약해 보일 거야.' 이런 생각은 정말 바보 같죠. 왕따를 당할 때도 마찬가지입니다. 경찰은 범죄자를 잡고, 의사는 병을 치료하고, 소방관은 불을 꺼주기 위해 있듯이 왕따 문제도 돕기 위해 기다리는 사람들이 있습니다. 누구보다 앞장서서 도와줄 사람은 부모님입니다. 그 다음은 선생님, 경찰, 친구들이겠지요. 그들에게 도움을 청하기로 결심하는 순간부터 당신의 괴로움은 분명 줄어들 것입니다.

2) 더 많이, 더 자주 말하기

당신을 괴롭히는 가해자들이 싫어하는 행동은 무엇일까요? 괴롭힘 행동을 다른 사람에게 알리는 일입니다. 그보다 더 싫어하는 행동은? 더 많은 사람들에게 알리는 거예요. 마지막으로 가장 싫어하는 행동은? 그들의 못된 행동이 학교 친구들, 자기 가족들, 부모님, SNS, TV에 공개되는 일입니다.

만약 선생님께 말했는데도 변한 것이 없다면 다른 선생님에게 말하세요. 그래도 변하는 것이 없다면 교감, 교장선생님에게 찾아가 직접 말해 보세요. 학교의 관리 기관인 교육청에 신고할 수도 있습니다. 실천한다면 상황은 금세 달라질 것입니다. 당연히 부모님, 주변 친구들에게도 적극적으로 이야기해야겠지요. 더 많은 사람들에게, 더 자주 이야기할수록 가해자는 움츠러듭니다.

3) 어떤 일들이 일어났는지 기록하기

누가, 언제, 어디서, 어떻게 당신을 괴롭혔는지 하나하나 적어 놓으세요. 과장하지도, 빼놓지도 말고 사실을 기록하세요. 이 기록은 나중에 당신이 얼마나 괴로웠는지 증명하는 증거가 될 것입니다.

당신은 너무 착해서 죄책감을 느끼거나, 나약한 자신을 바꿔야 한다는 의무감에 짓눌리고 있을지도 모릅니다. 그래서 더 '착하게 굴기, 무시해 버리기, 대범하게 아무렇지 않은 듯 행동하기' 같은 방법으로 문제를 해결하려 할지도 모르죠.

하지만 명심하세요. 왕따는 당신의 잘못이 아니라 가해자들의 잘못입니다. 당신이 아닌 가해자가 바뀌어야 합니다. 이를 위해 주변에 알리는 것만큼 효과적인 행동은 없습니다. 지금 당장 도와 달라고 손을 뻗으세요. 누구도 아닌 나 자신을 위해.

🔖 **나 자신은 내가 보호해야 한다.**

부모님과
잘 지낼 수 있을까?

💬   "스마트폰 그만 보라고 했지? 학생이 공부는 안 하고 하루 온종일 스마트폰만 끼고 살아? 공부 안 할 거면 책이라도 보든지!! 아유 저 웬수!!"

잔소리를 퍼부어 대는 엄마의 손에는 스마트폰이 쥐어져 있었다.

어디서 많이 본 풍경이지요?

'엄마, 아빠의 잔소리, 지겨워 죽겠어!!'

이런 생각 한 번도 안 해본 사람은 아무도 없을 거예요. 부모님의 잔소리는 정말 끝이 없지요. 더 짜증 나는 점은 '공부해라, 스마트폰 그만해라, 게임하지 마라, 독서해라!'며 잔소리하는 부모님도 독서는 커녕 스마트폰, TV, 컴퓨터를 끼고 산다는 거예요. 이번 주제는 이렇게 짜증 나고, 이기적인 우리 부모님입니다.

엄마, 아빠는 도대체 왜 이럴까요? 자신도 못하는 일을 왜 우리한 테만 강요할까요? 왜 우리를 잡아먹지 못해 안달일까요? 그 이유는 부모님은 대단한 사람이 아니기 때문입니다. 사실 부모님들은 별로 특별하지 않습니다. 위대한 사람은 더더욱 아닙니다. 우리와 별 다를 것 없는 평범한 사람입니다.

어렸을 적에 어른을 올려다볼 때면 우리와는 다른 종류의 생물로 보입니다. 괴물 같이 힘세고, 덩치도 크고, 말도 잘하고, 똑똑하기까 지 하죠. 거기다 드라마, 만화, 애니메이션, 영화 등에 등장하는 어른 의 캐릭터들은… 여유가 넘치고, 보일 듯 말 듯 웃고 있고, 몇 발자국 앞을 먼저 생각하고, 모든 일에 해답을 알고, 주인공이 위기에 빠졌을 때 짠 나타나 결정적인 도움을 주곤 하죠.

하지만 이 생각들은 모두 판타지입니다. 사실 나이를 먹어도 별거 없어요. 여러분이 지금 그렇듯 어른들도 스마트폰, 게임, 친구들과 수 다 떨기, 멍하니 웹툰 보기, 자고, 먹고, 놀기를 가장 좋아합니다. 다 만 다른 것은 여러분보다 몇십 년 더 오래 산 덕분에 보고 들은 것도 몇십 년치 더 많다는 점이죠. 이 점이 부모님 잔소리의 원천입니다.

지금 고2, 고3인 친구들, 정말 아끼고 사랑하는 중1 동생이 있다면 무슨 말을 가장 하고 싶으세요? 100명이면 100명 다 똑같이 대답하 겠지요.

"스마트폰 끄고 공부해애애애!!"

그러면서도 자신은 어느새 스마트폰을 만지작거리겠죠.

몸이 크게 아파 본 친구, 심각한 병으로 고생해 본 친구는 동생에게 이 말만은 꼭 해주고 싶을 거예요.

"밥 잘 챙겨 먹고, 일찍 자고 건강 챙겨."

하지만 자기는 새벽까지 스마트폰을 하다가 라면을 먹고 새벽에야 잠들겠죠. 이제 잔소리하는 부모님들이 이해되나요? 결론은 이렇답니다. 원래 인간은 말과 행동이 100만 광년은 떨어진 존재입니다. 나도, 여러분도 그리고 부모님도 마찬가지입니다.

**📎 부모님도 우리처럼
완벽하지 않은 인간일 뿐이다.**

우리 엄마 아빠가
짜증 나게 구는 이유

아무리 부모님이 불완전한 인간이라도 이해하기 힘든 점이 남아 있어요.

'엄마, 아빠는 왜 이리 짜증이 심할까? 왜 이리 성질이 급할까? 공부 말고는 나한테 관심도 없을까? 어른이면서 내 걱정을, 고민을 왜 이해해 주지 못할까?'

이런 생각들이 꼬리에 꼬리를 물면 결국 이런 다짐을 하게 됩니다.

'내가 부모가 되면 나는 안 그럴 거야.'

맞아요. 여러분은 더 너그럽고, 이해하려 노력하고, 친구 같은 멋진 부모가 될 수 있을 거예요. 여러분을 믿어요. 그런데 한 가지 말해 주고 싶은 점은 그렇게 되기까지는 상당한 노력이 필요하다는 사실입니다.

당신을 가장 힘들게 하는 고민은 무엇인가요? 굉장히 많겠지만 정리하면 네 가지 정도일 것입니다.

- 친구관계, 이성 친구 사귀기.
- 나를 이해해 주지 못하는 부모님, 형제 간 다툼.
- 성적 문제, 고등학교, 대학교 진학 문제.
- 스마트폰, 메이커 신발, 옷 등 용돈 문제.

이런 고민들이 여러분을 괴롭히지요. 가끔은 죽고 싶은 생각이 들 만큼요. 여러분의 고민, 걱정은 존중받아야 마땅합니다. 그런데 내 걱정에 너무 매몰되다 보면 주변은 눈에 잘 안 들어옵니다. 특히 가까운 사람일수록 더 그렇죠.

그러면 이번에는 항상 우리 옆에 있는 엄마, 아빠의 걱정거리들을 한 번 살펴볼까요?

- 직장에서 처리해야 되는 업무들, 직장 상사, 동료, 후배들, 갑을관계, 승진, 연봉협상, 언제 짤릴까 불안함.
- 전기세, 수도세, 인터넷, TV, 스마트폰, 국민연금, 자동차 할부금, 자동차 보험료, 엔진오일, 타이어 등 부품 교환주기, 자동차 수리비, 주유비 등 매번 납부해

야 할 요금들.

- 주택 대출금, 전세, 월세, 어떤 집을 사야 손해를 보지 않을지, 다음에는 어디로 이사 갈지, 주거 걱정.

- 자녀들 고등학교, 대학교 입시, 자녀를 위해 학군 좋은 곳, 학원 많은 곳으로 이사 갈 걱정, 학원비, 문제집, 인강 비용, 미래 대학 등록금, 미래 결혼 자금 걱정.

- 식비, 장보기, 요리하기, 설거지, 매일 저녁식사 메뉴.

- 집안 청소, 욕실 청소, 이불, 옷 빨래, 집안 정리.

- 가족들 건강, 병원비, 의료보험료, 암보험료, 실손보험료.

- 자녀들 용돈, 새 가구, 새 스마트폰, 통신비, 새 청소기, TV, 컴퓨터 등 온갖 물품 구입비.

- 할아버지, 할머니 건강, 앞으로 얼마나 사실지, 아프시면 어떻게 모셔야 할지, 병원비는 어떻게 마련할지 걱정.

- 할아버지, 할머니, 삼촌, 고모, 이모, 자녀 등 가족들 생일 챙기기, 명절마다 제사, 세뱃돈 조카들 용돈 챙기기.

- 점점 주름이 늘고, 못생겨지고, 힘도, 체력도, 건강도 예전 같지 않은 자신에 대한 걱정.

부모님들이 매일, 매 순간 짊어지고 있는 고민들입니다. 부모님이 여러분에게 욱하고 짜증 내는 그 순간 사실은……

직장에서 업무 폭탄으로 3일째 야근한 채로, 부쩍 나빠진 위궤양 때문에 속이 쓰려 아무것도 안 먹고 누워 있고 싶지만, 식구들을 먹여야 하니까 저녁을 차리며, 이번 달 주택 대출금 200만 원과 애들 학원비 100만 원, 신용카드 100만 원은 어떻게 메꿀지…… 내일 회사에서 고약한 부장의 괴롭힘을 어떻게 피할지 생각하는 중이었을지 몰라요. 이 순간에 "오늘 반찬 이게 다야? 맛있는 거 없어?"라는 말을 여러분에게서 들었을지도 모르죠.

혹은 마루에 아무렇게나 굴러다니는, 뒤집어진 양말을 주워 다시 뒤집는 중이었을지도 모릅니다.

이처럼 이상적인 부모가 되는 일은 기말고사 전날, 할 것은 많고, 집중은 안 돼서 폭발하기 직전인데, 누워서 스마트폰을 보며 "누나 아이스크림 좀 꺼내 줘."라고 발로 냉장고를 가리키는 동생에게 미소 지으며 친절히 아이스크림을 꺼내 주는 일과 비슷합니다.

나이만 많지 부모님도 여러분과 똑같다고 이야기했지요? 맞습니다. 사실 부모님들의 진짜 속마음은 응석부리고 싶은 거예요.

'나 정말 힘들어. 그리고 우리 가족 중에 내가 제일 고생해. 그런데 왜 몰라주는 거야? 알아줘, 칭찬해 줘!!' 이렇게요. 다만, 부모님은 '어른은 우는소리 하면 안 된다, 찌질하다, 자존심이 상한다'는 생각에 응석 대신 짜증을 내는 것입니다. 그러니 아주 가끔은, 여러분이 마음의 여유가 있을 때 부모님의 응석을 받아 주세요. 응석을 받아 주는 방법은 간단합니다. 부모님이 듣고 싶은 말은 여러분과 똑같습니다. 인정받는 말이지요.

"아빠가 얼마나 바쁜지 알아요. 그런데도 데려다 줘서 고마워요."

"엄마가 매일 밥해 주고, 설거지 하느라 얼마나 고생하는지 알아요.

진짜 감사해요."

"그래도 이렇게 즐거운 것, 다 엄마 아빠 덕분이에요."

 자식은 힘들 때 부모를 찾지만
부모는 힘들 때 자식에게 숨긴다.

나도 부모님께
할 말이 많아요

　부모님을 이해해야 합니다. 하지만 그렇다고 어떤 일에도 부모님 앞에서 침묵해야 한다는 뜻은 아닙니다. 부모님도 실수하지요. 그 순간을 이해하려 노력하되 부모님의 부당한 행동에 "하지 마세요."라고 당당히 말할 수 있어야 합니다. 다만 부모님께 내 분노를 전달할 때는 고민이 필요합니다.

　부모님이 다짜고짜 '너 진짜 그렇게 할래?'라고 말하면 어떤 느낌이 드나요? 자연스레 "내가 뭘 어쨌다고?"라는 방어 자세를 취하게 되죠. 마찬가지로 "아빠가 나한테 뭘 해줬는데?" 같이 공격적이고 격하게 감정을 드러내면 부모님도 여러분의 말을 경청할 여유가 사라집니다. 그리고 부모님이 "이게 어디서……" 라고 방어막을 치는 순간, 내 요구전달도 실패로 끝나겠죠. 자칫 관계의 파국을 가져올 수도 있습니다.

부모님이 방어막을 치는 것을 피하기 위해 부모님과 대화할 때는 더 기술적으로 접근하세요.

① 나의 불만을 언어로 구체화한다.
② 부모님에 대한 원망은 빼고, 내가 화난 이유와 요구를 중심으로 전달한다.
③ 부모님에게 말할 기회를 주고 귀 기울여 들을 준비를 한다.

이때 중요한 것은 감정을 억누르며, 또한 드러내야 한다는 사실입니다. 감정을 격하게 드러낼 경우, 부모님은 방어막을 치니 조심해야 하겠죠. 그렇다고 감정을 전혀 안 드러내서도 안 됩니다. 내가 힘들고, 속상하고, 서럽고, 화났다는 사실을 분명히 표현해야 합니다.

표현 수단은 물론 '언어'입니다.

"엄마, 나 정말 힘들고, 속상해. 나는 엄마한테 인정받으려고 열심히 노력하고 있어. 엄마 성에 안 차서 미안해. 그런데 엄마 나 힘들어. 엄마가 하는 ○○ 말과 ○○ 행동이 정말 상처가 되고 슬퍼. 엄마가 ○○○ 해줬으면 좋겠어." 이렇게 말로요.

여러분은 아직 성인이 아니기에 부모님을 원망하고, 미워할 수도 있습니다. 부모님께 억지스런 떼를 쓸 수도 있습니다. 그래도 됩니다. "더 따뜻하고, 더 너그럽게 나를 대해 주세요!"라고 응석 부려도 됩니다. 부모란 자녀의 응석을 받아 주어야만 하는 존재이니까요.

그러니 참지 말고, 겁내지 말고 부모님께 여러분의 생각을 전달하세요. 한두 번에 안 된다고 실망하지 말고, 계속해서 이야기하세요. 말로 전달하지 않고도 마음이 전해지는 일은 현실에서는 없습니다. 전달해야 전달됩니다. 거기서부터 이해와 변화가 시작될 수 있습니다.

📋 자식의 진심을 외면하고 싶은 부모는 없다.
중요한 것은 어떻게 내 마음을 전달할지 방법이다.

소소하지만 확실한

행복들을 찾아서

04

행복은
큰 바위가
아닌
조그맣고
무수한
조약돌이다

진정한
행복의 정체

로또, 최신 스마트폰, 연애, 신상 옷, 화장품.

행복을 생각할 때 가장 먼저 떠오르는 것들입니다. 듣기만 해도 흥분되는 말들이지요. 상상만으로도 짜릿한 빅 이벤트, 분명 행복의 큰 요인입니다. 하지만 이것들이 행복의 전부가 될 수는 없어요. 그 이유를 멕시코의 어부를 초대해 한번 들어 보죠.

🗨 멕시코 어부 이야기 1

멕시코의 작은 해변가 마을에 미국인 남자가 휴가를 왔다. 해변을 거닐던 미국인 남자는 부두에서 낚시를 하던 멕시코 어부를 보았다. 고기가 잘 잡히나 궁금해진 미국인은 어부에게 다가갔다. 기대와는 달리 어망에는 두 마리뿐이었다. 더구나 어부는 꾸벅꾸벅 졸고 있었다. 그때 마침 찌가 움직였다.

"여보세요. 일어나세요."

"……."

"당신, 물고기 잡았어요. 어서 낚아요."

남자는 어부를 흔들었다.

"응? 내가 잡았다고?! 옳지!"

깜짝 놀라 깬 어부는 낚싯대를 당겼다. 물고기는 낚싯줄에 걸려 땅 위로 올라왔다.

"하하하. 큰 놈일세. 고마우이. 근데 누구쇼?"

"여행 온 사람입니다. 얼마나 잡으셨어요?"

"한 세 마리?"

"그거 잡는 데 얼마나 걸리셨나요?"

"음. 한 세 시간 걸렸죠. 이 정도 했으면 슬슬 일어나도 될 것 같수다."

"네? 그럼 이제 배를 타고 바다로 나가시나요?"

"뭘…이 정도면 됐지요. 이미 우리 식구들 먹이기엔 충분하우."

"네? 아직 오전인데. 더 많이 잡아야 하지 않나요? 그럼 남는 시간에는 뭐하시나요?"

"아주 바쁩니다. 아이들이랑 놀아 주고, 와이프랑 낮잠도 자야 하고, 저녁에는 해변 산책도 해야죠. 짬짬이 기타도 치고 노래도 불러야 해요. 저녁에는 친구들과 모여 와인도 마셔야 합니다. 허허허."

"음. 죄송하지만 경영학을 전공하고 수산물 회사를 운영해 본 입장에서 제가 컨설팅을 드려도 될까요?"

어부는 눈이 동그래졌다.

"그래? 똑똑하신 양반이었구먼. 어디 한번 들어봅시다."

"쉬는 시간을 줄이시고, 더 많은 고기를 잡는 것이 좋습니다. 그럼 더 큰 배를 살 수 있겠지요. 여기서 조금 더 나가면 참치가 잡힌다고 들었습니다. 큰 배를 사서 멀리 나가세요. 참치를 잡으면 금세 큰돈을 벌 수 있을 겁니다. 그렇게 큰 배 3척을 마련해 한 달 참치를 1톤 정도만 확보한다면…….."

남자는 상기된 얼굴로 말을 이었다.

"이쯤 되면 중개인 없이 직접 수산품 공장과 계약해 물건을 납품할 수 있어요. 운이 따라 준다면 수산품 공장과 동업을 할 수도 있습니다. 멕시코 해변을 벗어나 미국 L.A, 워싱턴 나아가 뉴욕까지 진출할 수 있을 겁니다."

"선생님, 그렇게까지 되려면 얼마나 걸립니까?"

"10년, 길어 봤자 15년이면 충분합니다."

"음. 그 다음에는 뭘 해야 하오?"

"아주 좋은 질문입니다. 사업이 성공하면 회사를 주식에 상장해야죠. 이 작은 마을을 벗어나는 거지요. 멕시코시티에도 갈 수 있고, 미국 뉴욕에서도 살 수 있어요."

"오. 그리고 나서는요?"

"상장만 되면 공매를 통해 백만장자가 되실 겁니다."

"와… 대단하군. 백만장자라…… 그 돈으로 뭘 할 수 있지요?"

"큰돈이지요. 그 돈이면 경치 좋은 해변에 집을 사서, 느지막이 일어나 아침을 먹고, 여유롭게 해변을 산책하고, 아이들이랑…… 놀아 주고, 낮잠도… 자고…… 매일 저녁에는…… 친구들과… 와인도……."

당황하는 남자를 바라보며 어부는 빙긋이 웃었습니다.

'이 시험을 잘 봐야만 행복해져. 그 대학에 가야만 행복할 거야. 로또에 당첨돼야만 난 행복해져. 그 아이와 사귀어야 행복할 거야.'

몇 년에 한 번 혹은 평생에 한 번 있을까 말까 한 이벤트가 내 행복의 전부라면 그만큼 불행한 삶이 또 어디 있겠어요? 실제 벌어질지 아닐지도 모르는 뜬구름에 내 행복을 저당 잡힌 도박 같은 삶. 해피엔딩은 힘들 거예요. 막상 뜬구름이 현실이 되어도 곧 닥칠 현실감과 회의감을 피할 수 없습니다. 커다란 이벤트들이 선사하는 짜릿한 흥분은 지속성이 상상 이상으로 짧기 때문이에요.

정말 이뤄질지 아닐지 모르는 거창한 꿈보다는 여러분 옆에 있는 진짜 행복을 잡으세요. 진짜 행복은 회의감을 걱정할 필요도 없어요. 언제나 당신 옆에 있을 것이니까요. 기억하세요. 이번 주제는 이것입니다.

'진짜 행복은 내 곁에 있다.'

행복의 가장 큰 장애물은 너무 큰 행복을 기다리는 것이다.

한 번의 커다란 즐거움 vs
여러 번의 소소한 즐거움 비교 실험

일본 대문호 무라카미 하루키를 아시나요? 그의 수필집 《랑게르한 스섬의 오후》에는 생전 처음 보는 단어가 등장해요.

'小確幸(しょうかっこう).' 일본어로는 쇼우칵코우, 우리말로는 '소확행'입니다. 하루키는 자신이 만든 단어를 설명하기 위해 이런 예를 들었죠.

서랍을 열었더니 가지런히 개어진 속옷이 가득 차 있는 일.

갓 구운 따끈따끈한 빵을 손으로 찢어서 먹는 것.

오래된 레코드판을 부드러운 천으로 깔끔하게 닦아 내는 일.

소확행의 의미가 짐작되시나요?

소확행이란 '소소하지만 확실한 행복'입니다. 일상에서 흔히 접하는 작지만 뚜렷한 행복의 순간을 표현한 말이지요. 이 말은 사전에 등장할 정도로 유명한 신조어가 되었습니다. 하지만 '소확행'을 단순한 신조어만 치부하지는 마세요. 이 말에는 심리학적 통찰이 숨어 있으니까요. 어떤 심리학적 통찰일까요?

일리노이대학교의 심리학자 에드 디너(Ed Diener)는 평생 동안 행복을 연구한 심리학자입니다. 그는 어느 날 흥미로운 질문을 하나 떠

올립니다. 2

> "짜릿하고 강렬한 즐거움을 가끔씩 느끼는 사람 vs
>
> 소소한 즐거움을 자주 느끼는 사람,
>
> 둘 중 과연 어느 쪽이 더 행복할까?"

심리학자들은 궁금하면 어떻게 할까요? 답을 알려 줄 수 있는 실험을 설계하지요. 디너는 실험 참가자 42명을 모집했어요.

"앞으로 6~8주간 하루에 몇 번씩 무작위로 전화를 걸겠습니다. 언제, 몇 번 전화가 올지 몰라요. 그리고 매일 저녁 8시에는 정기적으로 무조건 연락이 갑니다. 그때마다 이 질문에 답해 주세요."

질문은 다음과 같았어요. '지금 어떤 감정(즐거움, 괴로움)을 느끼고 있나요? 그 강도는 얼마인가요?' 이를 통해 디너는 다음과 같은 데이터를 얻습니다.

1) 즐거움을 얼마나 자주 느끼는지 '빈도'

2) 즐거움을 느낄 때 얼마나 강하게 느꼈는지 '강도'

3) 6~8주 동안의 삶에 대한 전체적인 '행복도'

디너는 이 데이터를 과학적, 통계적으로 분석합니다. 그럼 질문. 즐거움을 자주 느끼는 사람, 즐거움을 적게 느끼지만 강하게 느끼는 사람 중 과연 어느 쪽이 더 전체적으로 행복했을까요? 잠시 책을 덮고 예상해 보죠.

꾸준함 VS 짜릿함. 여러분은 어느 쪽에 손을 들어 주고 싶나요?

승자는 꾸준함, 즉 '즐거움을 자주 느끼는 사람'이 더 행복했습니다. 즐겁다, 재밌다, 맛있다, 짜릿하다 등의 감정을 얼마나 강하게 느끼는지는 행복과 큰 상관이 없었습니다. 반면 강도가 약해도 긍정적인 감정을 자주 느끼는 사람들이 더 많이 행복하다고 느꼈습니다.

디너는 꼼꼼한 사람이었어요. 이 결과를 재차 확인하기 위해 다른 종류의 행복검사들을 사용합니다. 62명, 107명을 대상으로 똑같은 연구를 2번 더 실시했습니다. 그 결과는 역시 똑같았습니다. 그래도 의심이 가시지 않은 디너는 빈도와 강도를 한 번 더 비교합니다. 이를 위해 세 가지 실험에 참가한 사람들의 데이터를 모두 합칩니다. 총 211명 중 특별한 사람들을 뽑아내죠.

1) 즐거움 빈도가 상위 20%. 그러나 강도는 하위권인 7명.

→ 이 7명의 행복도는? 최상위권

2) 최고 강도의 즐거움을 느낌. 그러나 빈도는 하위 50% 이하인 3명.

→ 이 3명의 행복도는? 최하위권

의심쟁이 디너는 이렇게 꼼꼼히 확인한 후에야 마침내 결론을 내립니다.

"얼마나 강렬한 행복경험을 하는가'보다

'행복경험을 얼마나 자주, 많이 하는가'가 훨씬 중요하다!!!"

📋 행복은 수많은 사소한 즐거움을 쌓는 과정에서 온다.
소소한 즐거움들을 소홀히 하는 순간 행복은 달아난다.

행복을 위해
오늘을 희생하지 말자

"행복하기 위해서 지금은 꼭 참고 노오력을 해야 해."

"더 큰 내일의 행복을 위해서 오늘을 참고 견뎌!!"

꽤나 자주 들어온 말이죠? 하지만 이 말이 틀렸음을 디너는 증명했습니다. '노오력'해서 참고 참았다가 빵 터뜨리는 기쁨, 이 환희가 제아무리 강렬해도 진정한 행복으로 이어지지 않습니다.

지금 현실이 힘들수록 '기적 같은 사건이 내 삶을 통째로 바꿔 줄 거야.'라는 꿈을 꾸기 쉬워요. 하지만 수많은 심리학 연구들이 '그런 기적은 없다'고 말합니다. 큰 기쁨을 마냥 기다리며 지금을 희생하기보다는 소소한 기쁨을 자주, 여러 번 경험하는 사람이 행복합니다.

행복은 마치 다이어트와 같습니다. 다들 한 번씩은 다이어트를 시도해 보지만 결과는 신통치 않죠. 순식간에 살을 쏙 빼줄 약이나 마법 같은 방법을 열심히 검색합니다. 슬프지만 그런 마법은 세상에 없어요. 최고의 다이어트 방법은 오직 한 가지뿐입니다. '덜 먹고, 더 운동하기!' 그렇다고 너무 많이 굶거나, 너무 과하게 운동해서도 안 돼요. 탈이 날 수도 있거든요.

결국 다이어트의 핵심은 이것입니다. '조금 덜 먹고, 조금 더 움직이기를 얼마나 꾸준히 실천하는가'이지요.

진정한 행복도 다이어트와 같습니다. 조금씩 자주 일상 속에서 꾸준히 실천해야 합니다.

휴일 늦잠 자기.

추운 겨울 이불 속에서 귤 까먹기.

여유로운 휴일 엎드려 유튜브 보기.

맑은 하늘 흘러가는 구름 멍하니 쳐다보기.

추운 겨울 집에 가는 길에 따뜻한 붕어빵 사먹기.

벚꽃 아래를 걸으며 떨어지는 꽃잎 잡기.

놀이터에 앉아 아이들의 까르르 웃는 소리 듣기.

라볶이에 치즈 두 장 올리기.

더운 여름 에어컨 아래서 캐러멜 마끼아또 마시기.

친구들과 얄미운 애 뒷담화하기.

친구들과 함께 온라인 게임하기.

불금 저녁 치킨 배달시키기.

비오는 날 따끈한 코코아 마시며 창에 비 부딪히는 소리 듣기.

일주일에 한 번 비싼 마카롱 사먹기.

진정한 행복이란 이런 일상에 있습니다. 소소하지만 확실한 행복, 나를 미소 짓게 만드는 일을 매일 꾸준히 실천하세요. 진짜 행복은 소소한 즐거움을 만끽하는 데서 옵니다.

🗒 행복을 잃어버리는 가장 확실한 방법은
모든 걸 희생하면서 단 하나를 원하는 것이다.
- 베티 데이비스

여러분의 소확행은 무엇인가요?

예: 맑은 하늘에 흘러가는 구름 멍하니 쳐다보기

아무리 힘들어도 소소한 행복을 찾을 수 있다

소소한 행복도 좋지만 살다 보면 꼭 참아야만 할 때가 있다고요? 네, 맞습니다.

우리에게는 학원, 학교 숙제, 시험, 고등학교 입시, 대학 입시, 취업, 가족, 인간관계, 남친, 여친 등 어쩔 수 없이 견디고 노력해야 할 과제들이 있습니다. 이 모든 과제들을 무시하고 소확행만 찾다가는 가족, 인간관계, 학교생활, 성적 모두 망가지겠지요.

그렇다고 과제에만 집착해도 행복할 수 없습니다. 눈앞의 큰 걸림돌만 해결되면 금세 행복해질 것 같지만 착각입니다. 중간고사 다음에는 기말고사, 엄마와의 싸움 뒤에는 베프와의 싸움 등, 곧 또 다른 과제가 등장하기 마련이죠. 신데렐라가 영원히 행복해 보이는 이유는 단 하나. 결혼식에서 이야기가 멈췄기 때문입니다.

"소확행만 즐기려 하고, 과제를 깡그리 무시하면 불행해질 것입니다.

또한 소확행은 무시하고 과제 해결만 집착해도 불행해질 것입니다.

결국 중요한 것은 둘 사이의 '균형'입니다."

학업, 취업, 가족관계, 친구관계, 연애 모두 당신의 행복에 빠질 수 없는 요소입니다. 이 무거운 짐을 모두 던져 버리면 어깨는 가볍겠지만 마음은 무거워지죠. 그렇다고 짐을 옮기는 일만 열중하면 지쳐 쓰러질지 모릅니다. 그래서 '공부만 열심히 하면 행복해져!'라는 말은 거짓입니다. 아무리 급해도 당신에겐 잠시 짐을 내려놓고 쉴 시간 역시 필요합니다. 내려놓을 때는 짐이 있었는지조차 잊어버리고 즐겨야 에너지를 채울 수 있어요. 과제와 소확행 모두를 챙기며 둘 사이의 균형을 맞출 때 한순간에 꺼져 버리는 행복이 아닌 지속되는 행복을 느낄 수 있습니다.

🖐 아무리 짐이 무거워도 행복하기를 멈추지 말자.

나에게는 소소한 행복조차 없어요
내가 우울할 수밖에 없는 과학적 이유

"저는 불행해요. 매일 나쁜 일의 연속이에요."
"저에게는 소소한 행복조차 없어요."

혹시 이렇게 생각하고 있지는 않나요? 여기에 더해 '나는 정말 우울한 인간이구나.'라고 자책하고 있나요? 만약 그렇다면 당신은!

"엄연히 정상입니다!"

"이 세상에 행복해 보이는 사람이 많은 것은
그들이 다 지나가는 사람이기 때문이다."

프랑스의 작가 기욤 뮈소의 말입니다. 이 말 그대로 우리 모두는 불행합니다. 나는 아니라고요? 한 번 함께 생각해 봅시다.

"아…… 정말 웃긴다, 진짜 재밌다, 즐거웠어, 최고!!, 행복했어."
"아…… 짜증 나, 죽겠다, 망했어, 쪽팔려, 힘들어, 괴로웠어."

위 두 가지 표현 중 어느 쪽을 더 많이 쓰나요? 아마 비교되지 않을 정도로 두 번째 표현을 훨씬 자주 쓸 거예요. 인간은 즐거웠던 일보다 나빴던 일, 부정적인 사건을 생각하는 데 더 많은 시간을 보냅니다. 그런데 과연 우리에게 즐거운 일보다 짜증 나는 일이 훨씬 많이 일어날까요?

잠시 10초만 시간을 내서 지난 일주일간 나에게 일어난 좋은 일들을 생각해 봅시다. 친구가 사준 콜라, 수업 중 안 걸리고 숙면을 취한 일 등. 10초만 생각해 보면 우연히 찾아온 소소한 행복이 생각날 것입니다. 무시무시한 저주에 걸리지 않은 한 나쁜 일만 연속해서 벌어지는 건 있을 수 없는 일이니까요. 문제는 신기하게도 좋았던 일은 금방 잊힌다는 점입니다. 애써 생각해야만 기억이 나요. 반면 나빴던 일, 창피했던 일들은 머리를 떠나지 않습니다. 잠들기 전에 나도 모르게 "아, 진짜!"를 외치며 이불킥을 하기도 하죠. 왜 좋은 일은 잘 기억나지 않고 나쁜 일은 머릿속에 맴돌까요?

이것은 인간이면 모두 겪는 당연한 현상입니다. 왜냐하면 우리 인류는 수많은 재앙 속에서 살아남았기 때문입니다. 맹수, 뱀 등 동물의 공격, 지금은 별것 아닌 감기, 홍역 등 병마의 공격, 장마에 동굴이 잠기고, 태풍에 애써 모아 놓은 음식들이 날아가고, 심지어 지구 전체를 얼려 버린 빙하기까지. 인류의 생존에는 수많은 난관이 있었습니다. 수많은 난관 앞에 '괜찮아, 별일 아니야. 나는 즐겁고 행복해.'라며 웃고만 있었던 조상들은 살아남지 못했습니다.

'언제 다시 뱀이 들어올지 몰라. 어떻게 해야 하지?', '다음 겨울에는 어떻게 살아남지?', '겨우 넘겼다. 하지만 내년에 장마가 또 닥칠 거야. 어떻게 대비할까?' 반대로 이렇게 바짝 긴장하고, 호들갑을 떨었던 조상들은 더 높은 확률로 살아남을 수 있었을 것입니다. 이 걱정 DNA를 물려받은 자손이 바로 우리입니다. 우리의 뇌는 선천적으로 부정적인 사건을 분석하고 고민하는 데 뛰어난 재능을 발휘합니다. 반면 즐거운 사건들을 떠올리는 일은 서투르죠. 즐거운 일은 기억하고 대비하지 않아도 죽을 염려가 없기 때문입니다. 그래서 소소한 행복들은 우리 머릿속에서 쉽게 사라져 버리는 것입니다.

우리 모두는 선천적으로 '부정적인 사람들'입니다. 그러니 '나는 너

무 부정적이야.'라고 자책할 필요 없어요.

'이 말 때문에 친구가 기분 상해할 거야.', '차가 갑자기 나에게 돌진할 수도 있으니 주위를 잘 살펴.' 이런 부정적인 생각 덕분에 친구를 슬픔에 빠뜨리지 않았고, 심지어 생명도 구할 수 있었으니까요.

하지만 이런 성향이 나의 행복을 방해한다는 것은 사실입니다. 내 소소한 기쁨들을 모두 흘려보낸다면 행복할 순 없겠죠. 이어서 나의 소소한 행복들을 움켜잡기 위한 팁을 알려 드리겠습니다.

📑 부정적이고 비관적인 성격인가? 걱정할 필요 없다.
당신은 의외로 아주 정상이다.

매일 행복하진 않지만,
행복한 일은 매일 있어요
행복하기 위한 과학적 훈련

"나는 행복한 일이 없어요."

"저는 성격이 정말 부정적이에요."

이런 말을 하는 당신은 의외로 매우 정상입니다. 인간의 뇌는 선천적으로 나쁜 일에 더욱 몰두합니다. 반면 잘된 일은 덜 주목하죠. 그래서 소소한 행복들을 움켜잡는 데에는 훈련이 필요합니다. 훈련이라거창하게 말했지만 어렵지 않으니 겁내지 마세요. 지금부터 소소한 행복을 잡는 훈련 방법 두 가지를 소개할게요. 모두 행복도를 높이고 우울을 줄이는 효과가 과학적으로 입증된 방법들입니다.

행복하기 위한 과학적 훈련 첫 번째 - 세 가지 축복

일주일 동안 겪은 일 중 잘됐던 일, 운이 좋았던 일 세 가지를 뽑아보세요. 그 이유도 함께 생각해 봅시다. 노트나 스마트폰에 메모한다면 더 효과가 좋겠죠. 세 가지 일이 방방 뛸 만큼 커다란 사건일 필요

● 이 두 가지 훈련 방법은 아래 연구의 긍정심리학 기법들을 응용해 만들었습니다.

Seligman, M. E. P., Steen, T. A., Park, N., & Peterson C. (2005). Positive psychology in progress. Empirical validation of interventions. American Psychologist, 60, pp. 410-421.

는 없습니다. 단순하고 사소해도 괜찮습니다.

학원을 땡땡이쳤는데 안 걸렸다.

배고피 쓰러지듯 집에 왔는데 엄마가 삼겹살을 굽고 있다.

스마트폰을 떨어뜨렸는데 멀쩡하다. 심지어 흠집 하나 안 생겼다.

이번 주 런닝맨을 보며 엄청 웃었다.

내 취향에 딱 맞는 재미있는 웹툰을 발견했다. 일주일의 즐거움이 하나 늘었다.

길을 가다 우연히 보고 싶었던 친구와 마주쳤다.

이번 주말 부모님이 집을 비웠다.

학교에서 단축수업을 했다.

친구가 맛있는 것을 쐈다.

남몰래 좋아하는 그 아이가 먼저 말을 걸어 주었다.

아빠가 퇴근길에 치킨을 사오셨다.

이번 주에 나의 최애 아이돌이 컴백한다.

나의 농담에 친구들이 빵 터졌다.

시험문제를 찍어서 맞췄다.

정말 사소하죠? 그리고 정말 많죠? 이런 사소한 행운, 행복들은 누구에게나 매일 찾아옵니다. 아무리 고된 한 주였다 해도 조금만 주의를 기울이면 소소한 행복 세 가지는 쉽게 찾을 수 있습니다. 세 가지 행복을 찾은 후 이 질문에 답해 보세요.

"이 일이 일어난 이유는 무엇일까?"

길을 가다 우연히 보고 싶었던 친구를 마주쳤다.

→ 이유 : 친구와 텔레파시가 통해서, 그 친구도 나를 보고 싶어서 내 뒤를 쫓아

　와서.

나의 농담에 친구들이 빵 터졌다.

→ 이유 : 나는 유머감각이 뛰어나니까.

시험문제를 찍었는데 정답이었다.

→ 이유 : 내가 평소에 열심히 공부했으니까, 하늘이 나를 도와서.

'내가 똑똑해서, 내가 착해서' 같이 남이 아니라 '나'를 중심으로 생각하면 더 기분이 좋아지겠죠? 아무리 생각해도 이유를 찾을 수 없다면 그저 '나는 운이 좋으니까!'라고 생각하면 됩니다. 그리고 가끔씩 스마트폰, 수첩을 꺼내어 기록했던 즐거운 일들을 재차 음미해 보세요. 나도 모르게 미소가 떠오른 내 모습을 발견할 수 있을 거예요.

📱 **행복은 도처에 숨어 있다.**
눈을 크게 뜨고 찾아내자!

행복하기 위한 과학적 훈련 두 번째 - 감사하기

세 가지 행복들을 떠올리고 그 이유를 생각해 봤다면, 자연스럽게 감사한 누군가가 떠오를 것입니다.

친구가 맛있는 것을 쐈다.

남몰래 좋아하는 그 애가 먼저 말을 걸어 주었다.

배고파 쓰러지듯 집에 들어왔는데 엄마가 삽겹살을 굽고 있다.

이번 주에 나의 최애 아이돌이 컴백한다.

나를 기쁘게 해준 친구와 가족, 더 멋지고 예쁘게 컴백하느라 고생해 준 아이돌, 모두 나를 행복하게 해준 사람들입니다. 의도했든 의도하지 않았든 뭐가 중요한가요. 잠시나마 나를 미소 짓게 만들어 주었으니 그것만으로도 충분합니다. 그들에게 감사를 표현하세요.

'최애 아이돌아, 너희들이 열심히 연습해서 컴백해 준 덕분에
나는 정말 행복해, 고마워!

마음속으로 하는 감사는 조금 부족합니다. 최고의 방법은 직접 상대방에게 내 마음을 전하는 것이죠. 하지만 이 일이 여의치 않다면 스마트폰이나 메모장에 보내지 않은 감사 편지를 적으세요. 그마저 귀찮다면 소리 내어 말해 보세요. 따뜻한 마음이 더 오래 남을 것입니다.

매일의 일상 속에 나를 기쁘게 만든 사소한 행운, 행복들은 도처에 존재합니다. 그런데도 우리는 이 행복들을 무신경하게 스쳐 지나가 버립니다. 지금 불행한 이유는 행복한 일이 없어서가 아니라 나를 찾아온 행복을 외면하기 때문일지도 몰라요.

사소한 행복들을 계속 놓치는 건 학원, 숙제, 성적, 수면부족, 가족,

친구문제 등 당신의 일상이 너무 고되기 때문일 거예요. 우리 사회는 여러분이 감당하지 못할 만큼 무거운 짐을 강요하죠. 지친 나를 일으켜 세우기 위해서라도 사소한 행복을 자신에게 선물하세요. 세 가지 축복, 감사하기 이 두 과정은 10분이 채 걸리지 않아요. 일주일을 마무리하는 토요일 밤. 잠들기 전 딱 10분만 투자해서 나의 소소한 행복들을 꽉 움켜쥐어 보세요.

📋 매일 행복하진 않지만, 행복한 일은 매일 있어.
- 곰돌이 푸

행복의 구두쇠가 되자

즐거움 훼방 놓기 실험

"오늘의 조깅맨에는 쓰리타임스의 위쯔 양이 나오셨습니다. 안녕하세요."

"안녕하세요!!!!"

"우왁!! 진짜 예쁘다!!"

"제가 정말 기다리던 순간이었습니다. 위쯔랑 악수 한 번만 해도 될까요?"

"광수 씨…… 저리 가세요. 위쯔 양이 부담스러워 하세요."

"아니에요. 저 하광수 오빠 진짜 좋아해요."

"에이. 거짓말 마세요."

"정말이에요. 저 조깅맨에서 광수 오빠 나오는 부분만 찾아봐요."

"들었어요? 들었어?"

"에이…… 거짓말이야~~."

"저 하광수로 삼행시도 준비해 왔어요."

"네? 정말요? 그럼 위쯔 양의 삼행시 한 번 들어 보죠. 다 같이 운을 띄워 볼까요?"

"하!!", "하… 이렇게 된 거."

"광!!!", "광수 오빠!!!"

"오~~~~~~~ 기대된다. 다음은 뭘까?!!"

"수!!!"

두둥!!! 60초 뒤에 뵙겠습니다.

'농심~~ 푸~~~~ 라면!!'

두근두근 다음 장면을 기대하는 그 순간, 화면은 갑자기 멈추고 푸라면이 튀어나온다면 정말 화가 나겠죠. 하이라이트 직전에 끊어 버리는 악마의 편집, TV에서 자주 쓰는 기술입니다. 그런데 이 악마의 편집에 인간 심리의 비밀이 숨어 있다는 사실을 아시나요?

캘리포니아대학교의 레프 넬슨(Leif D. Nelson) 교수는 TV 프로그램을 도중에 끊는 중간광고의 효과 ⑤를 연구했습니다. 재밌는 것은 넬슨은 심리학자가 아닌 경제학자라는 거예요. 경제학자들도 인간 심리를 굉장히 열심히 연구합니다. 어떻게 하면 소비자의 심리를 자극해 물건을 더 많이 팔지를 알아내기 위해서입니다.

넬슨은 우선 실험 참가자 72명을 모집합니다. 그리고 시트콤 대본 두 가지(Taxi, 미국 시트콤)를 줍니다. 같은 시트콤 대본이었지만 한 개는 중간광고가 들어 있고, 나머지는 중간광고가 없는 대본이었습니다. 그리고 질문을 던집니다.

"방금 읽은 대본의 TV 시트콤을 시청한다면 어느 쪽이 더 재밌을까요?"

우리가 푸라면에 짜증낸 것처럼 참가사 72명 중 90% 이상이 "광고가 없는 시트콤이 더 재밌을 것이다."라고 응답했어요. 이 응답을 잘 기억해 두세요. 실제 실험은 이제 시작입니다.

넬슨은 실험참가자 138명을 다시 모집합니다. 그리고 Taxi라는 TV 시트콤을 시청한 경험이 있는지, 안 봤다면 이 시트콤이 재밌을지, 재미없을지, 특별한 선호도가 있는지 질문했습니다. 이 질문을 토대로 시트콤을 시청한 적이 없고, 이 시트콤에 대해 편견이나 호불호가 없는 참가자 87명을 추렸습니다. 이들은 A, B 두 그룹으로 나뉩니다.

A 그룹은 중간광고(보석가게, 법률사무소 광고 두 개)를 넣은 Taxi를, B 그룹은 중간광고를 삭제한 Taxi를 시청했습니다. 시트콤 시청 후 참가자들에게 질문이 주어집니다.

이 시트콤을 보며 얼마나 웃었나요?

이 시트콤이 얼마나 즐거웠나요?

이 시트콤 DVD 세트(40 달러)를 살 의향이 있나요?

실험에 앞서 대본을 읽은 참가자 72명의 응답을 기억하나요?

90% 이상 "광고가 없어야 더 재미있을 것이다."라고 답했죠. 그런

데 실제 실험결과는 정반대였습니다. 중간광고가 들어 있는 시트콤을 본 A 그룹이 B 그룹보다 더 웃었고, 더 즐거워했습니다. DVD를 구매하려는 욕구도 통계적으로 더 높았습니다. 이 실험을 통해 넬슨이 내린 결론은 다음과 같습니다.

"즐거움을 끊는 광고가 오히려 즐거움을 증가시킨다!"

참 아이러니하지요? 한참 즐길 때 훼방을 놓으면 화가 나야 하는데 그 훼방이 오히려 즐거움을 증폭시키다니요. 이 이상한 현상을 설명하기 위해 넬슨은 결론을 증명할 추가 실험을 실시합니다.

① 광고 자체가 너무 재미있어서 그럴 수도 있으니까 재미없는 광고로 바꾸기.
② 광고 위치를 프로그램 앞(TV 프로그램이 끊기지 않음), 프로그램 중간(프로그램이 끊김)에 놓고 어느 쪽이 더 재밌을지 비교하기.

어떤 실험을 해도 결과는 같았습니다.

① 광고가 재미없어도 참가자들은 중간에 프로그램이 끊겼을 때 더 즐거워합니다.
② 광고의 위치를 바꿔도 중간에 끊긴 시트콤을 더 재밌어 했습니다.

'즐거움을 끊으면 오히려 더 즐거워진다'는 가설은 이렇게 반복 증명되었습니다. 이는 넬슨만이 발견한 사실이 아니에요. 긍정적인 일은 한꺼번에 경험하는 것보다 나눠 경험하는 것이 훨씬 즐겁다는, 미국 듀크대학교의 심리학자 패트리샤 린빌(Patricia Linville)의 연구결과도 있습니다. [6] 그렇다면 왜 사람들은 흐름이 끊겼을 때 더 즐거워할까요?

여기에는 두 가지 이유가 있습니다. 첫째, 사람은 적응의 동물이기 때문입니다. 아무리 맛있는 피자도 같은 메뉴를 세 번쯤 먹으면 질리게 되죠. 마찬가지로 아무리 재밌는 TV 프로그램도 보다 보면 적응되어 갈수록 즐거움이 떨어진다고 합니다. 그런데 잠시 시청이 중단되면 다시 신선한 기분으로 TV 프로그램을 즐길 수 있어서 즐거움이 덜 하락합니다.

두 번째 이유는 바로 기대감입니다. 여행에서 가장 행복한 순간은 떠나기 전날 밤이라는 명언이 있지요. 여행 자체보다 여행을 떠난다는 기대감이 우리를 더 행복하게 만들기도 합니다. 마찬가지로 잠깐 멈춘 동안 다음에 무슨 장면이 이어질지에 기대감이 생겨 더 즐거운 기분을 느끼게 되는 것입니다.

넬슨과 린빌의 발견에서 우리는 소확행을 더 즐겁게 누릴 팁을 얻을 수 있습니다.

"당신의 소중한 소확행을 한 번에 다 소비하지는 마세요."

좋아하는 드라마가 있다면 한 번에 몰아 보기보다는 삼 일에 한 편씩 보는 것이,

통 아이스크림은 냉동실에 묵혀 두고 며칠에 걸쳐 먹는 것이,

방학이 되기 한 달 전부터 계속 방학을 생각하며 기대감 자체를 즐기는 것이,

화창한 날씨, 잠시 멈춰서 1분 동안 하늘을 쳐다보는 것이,

치킨을 먹을 때는 맛을 음미하며 천천히 먹는 것이,

용돈을 모아 비싼 물건을 한 번에 지르기보다는 작은 기쁨을 누릴 물건 다섯 개를 사는 것이 더 행복합니다. 참 소소한 팁이지요? 하지만 효과는 만점일 거예요.

🖐 즐거운 이벤트라면 최대한 누리자.
이벤트가 주는 기대감까지 함께 즐기자

새로움 속에 소확행이 있다

따끈한 피자를 먹을 때, 땀이 주룩주룩 흐르는 여름에 시원한 커피를 마실 때.

가장 즐거운 순간은 언제일까요? 바로 처음 한 입, 처음 한 모금이 입에 들어오는 순간입니다. 이보다 더 행복한 순간은?

태어나 처음 초콜릿을 맛봤을 때, 처음 비행기를 타볼 때, 첫 키스를 할 때.

이 순간들은 아마 평생 잊지 않을 거예요. 우리는 이 사실에서 소확행의 팁을 얻을 수 있습니다.

"새로움 그 자체가 즐거움이다."

사람들은 이 사실을 본능적으로 알고 있습니다. 그래서 언제나 새로운 것을 찾죠. 우리 동네에서 가장 긴 줄을 선 음식점은 신장개업한 음식점입니다. 처음 보는 메뉴, 새로운 맛이 주는 호기심과 기대감 때문에 사람들은 줄서는 수고를 마다하지 않는 것이죠.

문제는 새로운 경험이 주는 쾌감은 길게 지속되지 않는다는 점입니다. 짜릿함은 경험이 반복될수록 급속도로 감소합니다. 사람은 어떤 쾌락이든 반복하면 할수록 적응되도록 진화했습니다(왜 그런지는 1장에서 자세히 설명했으니 참고하세요). 신장개업 음식점의 긴 줄이 어느새 없어지는 일도, 애니팡, 클래시 로얄, 롱패딩, 스키니진처럼 한때 불타올랐던 유행이 어느새 촌스러워진 이유도 모두 쾌락적응 탓입니다. 쾌락적응은 심리적인 동시에 신체적인 반응이기도 합니다. 반복되는 경험은 그것이 즐거움이든 괴로움이든 뇌의 감정인식 부위(전두엽, 편도체)의 전기신호 세기를 점점 약화시킵니다. [7] [8] 그러므로 소소한 행복을 지속시키려면 먹이를 찾아 헤매는 하이에나처럼 새로운 즐거움을 계속 개발해야 합니다.

길을 가다 처음 보는 카페, 맛집이 생겼으면 꼭 한번 들려 보세요.

인도 음식, 그리스 음식, 멕시칸 음식 등 못 먹어 본 음식을 시도해 보세요.

신기한 음식을 파는 푸드트럭. 절대 지나치면 안 돼요.

갑작스레 버스나 지하철을 타고 잘 모르는 동네에 내려요. 처음 보는 거리를 걷는 것만으로 기분이 좋아질 거예요.

특이한 가게가 있다면 한번 들어가 보세요.

한 번도 구경하지 못했던 콘서트, 연극, 뮤지컬, 교회, 절에 가보고, 등산, 수영 등 못해 본 활동은 용기내서 시도해 보세요.

가끔씩 즉흥적이 되어 보세요. 새로운 시도는 여러분에게 호기심, 기대감, 짜릿함을 선사할 것입니다.

내가 할 수 있는 새로운 시도들은?

예: 갑작스레 버스나 지하철을 타고 잘 모르는 동네에 내려 본다.

🗨 가장 짜릿한 경험은 첫 경험이다.

다양성속에 소확행이 있다

'좋아하는 일 반복경험 vs 비호감의 다양한 경험' 비교 실험

🔍 수정이의 고민

'저는 소도서관, 양땡이라는 게임 유튜버를 정말 좋아해요. 1년 넘게 구독하고 있는데 요즘 조금 질렸어요. 친구가 먹방이 대세라며 쭈양이라는 유튜버를 같이 보자고 하네요. 사실 저는 먹방은 관심 없는데도 친구는 계속 조르네요. 귀찮은데 한 번 봐줄까요?'

참 사소한 고민이지요? 하지만 이런 작은 고민 속에도 소확행의 비결은 숨어 있습니다. 과연 어느 쪽이 더 즐거울까요?

내가 좋아하는 채널만 반복해 보기 VS 싫어하는 여러 채널 섞어 보기

재미있는 걸 계속 보는 게 즐거울 것도 같고, 앞에서 새로움이 곧 즐거움이라고 했으니까 섞어 보는 것이 더 즐거울 것 같기도 하고…… 헷갈리지요? 메릴랜드대학교의 경영학자 레베카 래트너 (Rebecca K. Ratner)는 이 고민에 확실한 답을 줄 세 가지 실험[9]을 실시했습니다. 하나씩 소개할게요.

실험1 래트너는 실험 참가자 22명을 모집했어요. 그리고 45초짜리 대중음악(클래식 락) 12곡을 들려줍니다. 참가자들은 이 곡들을 좋아하는 순서대로 1~12위까지 정합니다. 그리고 래트너는 참가자들을 A, B 두 그룹으로 나눴어요.

래트너는 참가자들에게 다시 노래를 들려줍니다. 무려 15번씩이나 반복해서요. 그런데 A, B 그룹의 플레이리스트가 약간 다릅니다.

| A 그룹 |

순번	1	2	3	4	5	6	7	8	9	10	11	12	13	14	15
노래 순위	1위	1위	1위	1위	1위	1위	1위	1위	1위	1위	1위	1위	1위	1위	1위

| B 그룹 |

순번	1	2	3	4	5	6	7	8	9	10	11	12	13	14	15
노래 순위	1위	1위	1위	12위	1위	1위	12위	1위	1위	1위	12위	1위	1위	12위	1위

A 그룹은 각자 최고로 꼽은 1위곡을 15번 연속 듣습니다. B 그룹 참가자들도 똑같이 노래를 15번 들어요. 하지만 곡의 구성은 조금 다릅니다. 1위곡을 계속 듣다가 4, 7, 11, 14번째에 가장 비호감인 꼴찌곡(12위)을 섞어 들었습니다. 그리고 래트너는 참가자들에게 요청합니다.

"각 곡마다 '이 순간이 얼마나 즐거운지?'를 실시간으로 평가해 주세요."라고요.

1위곡만 15번 들은 A 그룹과 1위곡 11번, 꼴찌곡 4번을 섞어 들은 B 그룹. 과연 어느 쪽이 더 즐거운 시간을 가졌을까요? 결과는 다음 그래프와 같습니다.

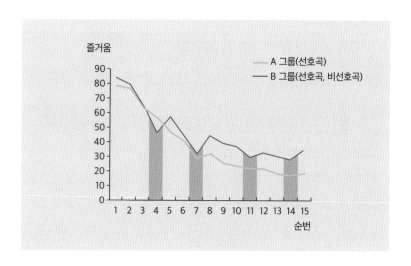

그래프를 보면 A, B 그룹 모두 처음 들었을 때 가장 즐거워합니다. 그리고 갈수록 즐거움은 떨어집니다. 앞서 말한 쾌락적응이 발동한 것이죠. 같은 음악은 반복해 들을수록 즐거움은 감소합니다.

그런데 4, 7, 11, 14번째 순번에서 재미있는 현상이 관찰됩니다. 3번까지는 A, B 그룹 모두 비슷한 수준의 즐거움을 느끼죠. 그리고 꼴찌곡을 듣는 4번째에 B 그룹의 즐거움이 뚝 떨어집니다. A 그룹에 비해 한참 낮죠. 1위곡을 듣다 꼴찌곡을 들었으니 즐거움이 떨어지는 것은 당연하겠죠. 그런데 신기하게도 7번째에서는 A, B 두 그룹의 즐거움 강도가 거의 비슷해집니다. 마지막 이 실험의 하이라이트인 11, 14번째 순번을 보세요. 극적인 역전극이 펼쳐졌습니다. 1위곡을 듣는 A 그룹보다 꼴찌곡을 듣는 B 그룹이 더 즐거워하는 어이없는 일이 일어났습니다. 더 놀라운 것은 최악의 곡을 4번 섞어 들은 B 그룹이 1위곡만 줄곧 들은 A 그룹보다 전반적인 즐거움이 더 높다는 점입니다.

정말 신기하지요? 왜 이런 일이 발생했을까요? 래트너는 이 실험결과를 설명하기 위해 가설을 세웁니다.

가설 : 최악의 노래를 들을 때의 괴로움이 1위곡을 들을 때 즐거움을 늘려 주었다.

시험기간 중 9시 뉴스가 눈을 뗄 수 없이 흥미진진하고, 혹독한 다이어트 중 먹는 야식이 최고의 음식이 되는 현상, 다들 경험해 보셨죠? 래트너도 이 현상을 주목했습니다. 그래서 래트너는 이 가설을 증명하기 위해 추가실험을 합니다.

실험 2 이 실험은 앞서 한 실험과 거의 똑같습니다. 실험 참가자를

79명 모집하고 12곡의 노래를 들려줍니다. 그리고 각자 1~12위까지 순위를 매겨요. 그리고 79명을 A, B 그룹으로 나눕니다. 하지만 지금부터 실험이 약간 달라집니다. 잘 보세요. 이번에는 노래를 4번만 듣습니다. 노래를 듣는 순서는 아래와 같습니다.

| A 그룹 |

순번	1	2	3	4
노래 순위	1위	1위	음소거	1위

| B 그룹 |

순번	1	2	3	4
노래 순위	1위	1위	12위	1위

'최악의 곡이 괴로웠기 때문에 1위곡이 더 즐거워진다.'는 가설이 옳다면 당연히 꼴찌곡을 섞어 들은 B 그룹이 음소거한 A 그룹보다 더 즐거워야 하겠지요. 그런데……

A 즐거움 > B 즐거움

결과는 땡!! 음소거한 A 그룹의 즐거움이 더 컸습니다. 참가자들에게 이유를 물으니 꼴찌곡이 듣기 싫었기 때문이라 답했습니다. 가설과 다른 답이 나왔지요? 래트너는 혹시나 곡 순위의 차이를 줄이면 어떨까 싶어 다시 한 번 실험을 실시합니다.

실험3 실험 2와 같은 참가자들에게 다른 구성으로 노래를 들려줍니다. 3번씩 노래를 들려주는데 A 그룹에 침묵 대신 순위가 더 높은 곡을 들려줍니다.

| A 그룹 |

순번	1	2	3
노래 순위	6위	3위	6위

| B 그룹 |

순번	1	2	3
노래 순위	6위	9위	6위

가설이 맞는다면 더 싫어하는 9위곡을 들은 B 그룹이 더 즐거워야 합니다. 그런데 결과는……

A 즐거움 > B 즐거움

더 좋아하는 노래(3위)를 들은 A그룹의 즐거움이 더 컸습니다. 이로서 '최악의 곡으로 느낀 괴로움 탓에 즐거움이 더 늘어났다.'는 가설은 폐기되었습니다. 사람들은 최악의 곡을 섞어 듣는 것보다 음소거를 더 즐거워합니다(실험 2). 또한 더 좋아하는 곡을 들을 때 더 즐거움을 느낍니다(실험 3).

재미있는 한 가지를 계속하는 것보다
재미없는 여러 가지를 함께하는 것이 더 즐겁다

다양함이 즐거움을 주는 이유

최악의 곡이 주는 괴로움에 의한 즐거움의 상승효과는 없었습니다.
그렇다면 '꼴찌곡을 듣는데 왜 더 즐거운가?'라는 의문은 여전히 풀
리지 않았습니다. 이 의문을 풀기 위해 실험1의 표와 그래프를 다시
한 번 살펴봅시다.

| A 그룹 |

순번	1	2	3	4	5	6	7	8	9	10	11	12	13	14	15
노래 순위	1위	1위	1위	1위	1위	1위	1위	1위	1위	1위	1위	1위	1위	1위	1위

| B 그룹 |

순번	1	2	3	4	5	6	7	8	9	10	11	12	13	14	15
노래 순위	1위	1위	1위	12위	1위	1위	12위	1위	1위	1위	12위	1위	1위	12위	1위

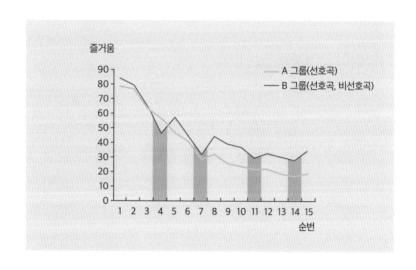

괴로움에 의한 상승효과가 없음에도 왜 전반적으로 B 그룹이 더 즐거워했을까요? 심지어 11, 14번째에는 1위곡을 듣는 A 그룹보다 꼴찌곡을 듣는 B 그룹이 더 즐거워합니다. 사실 답은 단순합니다. 괴로움으로 인한 즐거움의 상승효과가 없다면 남아 있는 설명 중 가능한 건 하나뿐이니까요. 남은 설명은 바로 '다양성'입니다.

"인간은 다양한 활동 자체에 즐거움을 느낍니다.
비록 다양한 활동 중 몇몇은 괴로울지라도."

실험 3에서 A 그룹(6, 3, 6위 곡 청취)이 B 그룹(6, 9, 6위 곡 청취)보다 더 즐거워했지요. 그 이유는 A, B 그룹이 똑같이 2곡을 3번 청취했기 때문입니다. 즉, 두 그룹의 다양성은 같은 수준(2곡)이었죠. 같은 다양성 수준에서 더 높은 선호곡(3위 > 6위)을 들은 A 그룹이 더 즐거울 수밖에 없습니다.

이 그래프의 기울기를 봐주세요. 아무리 1위곡이라도 반복되다 보면 즐거움은 급격히 떨어집니다. 하지만 B 그룹(1위, 꼴찌곡 섞어 듣기)의 즐거움이 A 그룹(1위만 15번 듣기)보다 덜 떨어졌습니다. 그 이유는 B 그룹의 다양성 수준(2곡)이 A 그룹의 다양성 수준(1곡)보다 높았기 때문입니다. 싫어하는 곡이었지만 재생 목록의 다양성 수준(2곡)을 높였기에 음악 감상이 더 즐거울 수 있었던 것입니다. 싫어하는 활동이라도 변화를 위한 시도라면 즐거움은 증가합니다. 즉 활동의 호불호보다는 다양성 그 자체가 즐거움을 더 크게 좌우합니다.

이제 쭈양 채널을 볼지 말지 고민하는 수정이에게 확실한 답을 줄 수 있겠죠? 오랜 시간 즐겁기 위해서는 다양성 수준을 높여야 합니다. 아무리 재미있는 취미활동이라도 한 가지를 너무 오래 반복하면 즐거움은 가파르게 떨어집니다. 정말 맛있는 치킨도 매일 먹는다면 질려 버립니다. 치킨을 계속 즐기려면 생강, 피자, 청국장, 마늘, 라면 등 다양한 음식을 섞어 먹는 것이 좋습니다. 비록 함정카드가 섞여 있더라도 말이죠. 양땡이 아무리 좋아도 계속 양땡만 보면 즐거움이 줄어듭니다. 그러니 먹방이 싫어도 쭈양을 섞어 보는 것이 즐거움을 더 오래 유지시켜 줍니다.

여기서 알 수 있는 소확행의 팁. 아무리 좋아하는 음식, 음악, 운동, 웹툰, 유튜브 채널, 게임이라도 한곳에만 너무 오래 머물지 마세요. 여러 다양한 것들을 골고루 경험하세요.

- 당기지 않아도 친구가 덕질하는 유튜브 채널, 연예인, 온라인 게임, 웹툰, 소설을 함께 경험하기.
- 한가한 휴일, 스마트폰에만 매달려 있다면 잠시 스마트폰에서 벗어나 다양한 활동을 시도하기. 중간에 TV도 보고, 만화책도 보고, 귀찮고 싫어도 30분쯤 동네 산책도 다녀오기.
- 매일 가던 카페나 게임방을 벗어나 어느 날 갑작스럽게 산, 바다로 떠나 보기. 친구들과 함께. 느닷없는 것이 포인트!
- 재밌게 하고 있는 활동이 있더라도 '뭐 더 재미있는 것 없나?' 하고 주변을 둘러보기.

설혹 새로운 시도가 지루했더라도 시간낭비로 여기지 마세요. 래트너의 실험에서 보듯이 그 지루한 경험 덕분에 다양함이 주는 즐거움을 누릴 수 있었으니까요.

> '에이, 지루할 것 같은데'라고 겁내지 말자.
> 실제 재미없었더라도 손해는 아니다.
> 당신은 덕분에 다양한 경험이 주는 즐거움을 누렸다.

우울해 견딜 수 없다면

병원에 가지 않아도 우울에서 벗어나는 방법

소소하지만 확실한 행복조차 아무 쓸모없어질 때가 있습니다. 기분은 계속 꿀꿀하고, 잠도 잘 안 오고, 행복은커녕 아무것도 할 의욕이 나질 않습니다. 무기력이 계속되고 심지어 '이렇게 살아 뭐해?'라는 생각까지 드는 상태, 바로 우울입니다.

우울증은 마음의 감기라고 불릴 정도로 흔한 정신질환입니다. 우울한 상태에 빠지면 아무리 확실한 행복의 방법도 모두 무용지물이 되죠. 소확행을 느끼기 위해서는 먼저 우울 상태에서 빠져나와야 합니다. 우울증의 치료법은 감기와 같습니다. 병원에서 진단받고 약을 먹는 것입니다. 하지만 정신병원을 방문하기엔 선뜻 발이 떨어지지 않죠. 다행히 병원에 가지 않아도 약물만큼 효과가 입증된 우울증 치료 처방⑩이 있습니다.

바로 운동입니다. 조깅, 배드민턴, 농구, 축구, 걷기 등 30분 이상 지속해 약간 숨이 차게 만든다면 어느 종류든 상관없습니다. 과학적인 효과가 입증되었을 정도로 몸의 컨디션이 마음 건강에 미치는 영향은 큽니다. 졸리고, 피곤하고, 아픈 상태라면 마음도 행복을 느낄 겨를이 없지요. 무기력하고 짜증 납니다. 반대로 푹 자고, 상쾌하고, 기운이 넘친다면 소확행을 즐길 여유와 의욕이 생겨날 것입니다.

방법 1. 너무 길지도 짧지도 않은 적절한 잠. 장기적인 수면 부족 🗓️도, 너무 과도한 수면 🗓️도 우울과 관련 있다.

방법 2. 끼니를 거르지 않는 식사. 원래 배고프면 짜증이 나는 법.

방법 3. 당신의 몸을 움직이는 운동. 30분 이상 지속되는 약간 숨이 차는 운동은 기분이 좋아지는 호르몬을 분비한다.

잊지 마세요! 소확행을 찾기 전에 가장 먼저 해야 할 일. 바로 내 몸을 돌보는 일입니다.

💬 **건강과 행복은 서로가 서로를 낳는다.**
– 조지프 애디슨

건강은 행복의 기초입니다. 당신은 당신의 몸을 아껴 주고 있나요?

내가 하고 있는 내 몸을 아끼는 행동	내가 하고 있는 내 몸을 해치는 행동
예) 아침 매일 먹기	예) 스마트폰으로 인한 수면 부족

나도 모르게 찾아오는

행복에 대해

05

몰입은
행복의
엔진이다

행복을 좇지 말아야 행복이 온다

한 랍비의 집에 강아지가 있었다. 어느 날 강아지는 자기 꼬리에 행복이 있다는 사실을 알아챘다. 강아지는 자기 꼬리를 잡으려 뛰기 시작했다. 그러나 아무리 잡으려 해도 잡히지 않고 제자리에서 빙빙 돌 뿐이었다. 결국 강아지는 지쳐 쓰러졌다. 한 늙은 개가 옆에서 그 모습을 지켜보고 있었다.

"아주 오래전 나도 내 꼬리에 행복이 있다는 사실을 눈치챘다네. 그래서 자네처럼 열심히 꼬리를 좇았었지. 그리고 결국 깨달았다네."

"그게 뭐죠?"

"열심히 돌면 돌수록 어지러울 뿐이라는 걸."

"네? …절 놀리시는 건가요?"

"아니, 아니, 화내지 말게. 놀리려는 것이 아니야. 그저 다른 방법이 있다는 것을 알려 주려고."

"다른 방법이 뭐죠?"

"응, 아주 간단해. 꼬리잡기를 포기하고 내가 원하는 곳을 향해 달리다 보니, 꼬리가 나를 따라오더군."

굳이 기분이 좋으려고 한 행동이 아닌데 무척 즐거웠던 경험이 있나요? 남들은 왜 사서 고생을 하냐고 묻는데, 나는 그저 좋았던 경험 있나요? 이유는 모르겠는데, 마음이 충만했던 경험이 있나요? 지치고 힘들어 죽겠는데도 가슴속은 뿌듯했던 경험이 있나요?

굳이 내가 행복해지려고 하지 않았는데도 힘들고, 지치고, 고생스러워도, 마음만은 나도 모르게 충만해지는, 심리학이 밝혀낸 행복의 비밀 장소를 5장 '몰입', 6장 '삶의 의미'를 통해 알려 드리려 해요.

'이런 곳에도 행복이 숨어 있었어?' 하고 놀라게 될 거에요.

> 행복은 나비와 같다.
> 따라가려 하면 자꾸 당신 손아귀를 벗어난다.
> 하지만 당신이 제자리에 앉아 있으면 살포시 당신 위에 앉을 것이다.
> – 나타니엘 호손

사람은 언제 가장 즐겁고 만족할까?

경험 표집 연구

"사람은 언제 가장 즐겁고 만족할까?"

이 질문의 답을 찾기 위해 수많은 사람들이 도전해 왔습니다. 어떤 사람은 신체적인 쾌락이라 답했고, 어떤 사람은 지성의 추구를 말했어요. 어떤 사람은 이 땅이 아닌 사후세계에 있다고 답했고, 어떤 사람은 신에게서 답을 찾았습니다. 여러 철학자, 현자들이 수많은 훌륭한 답을 찾았습니다. 하지만 미국의 한 심리학자가 생각하기에 이 대답들은 불만족스러웠습니다. 실생활과 거리가 멀고, 현실에 와닿지 않았기 때문이죠. 그는 일상에서 현실적인 행복을 찾고 싶었습니다. 그의 이름은 미국 클레어몬트대학교의 심리학자 미하일 칙센트미하이(Mihaly Csikszentmihalyi)입니다.

'어떤 경험이 인간에게 만족과 즐거움을 가져다주는가?'

　칙센트미하이는 이 질문의 답을 철학, 종교 같은 위대한 사람들의 머릿속이 아닌 평범한 사람들의 일상생활에서 찾고 싶었습니다. 이를 위해 칙센트미하이는 이전에 없었던 기발한 실험방법을 고안합니다.

　앞서 여러 심리학 실험들을 살펴보았죠? 많은 심리실험은 특수한 장소와 상황을 만든 후, 그 속에서 사람들의 반응을 조사하고 비교하는 방식이었습니다. 인위적으로 조작한 상황이라서 실생활과 거리가 있다는 단점이 있습니다. 또 다른 방법은 설문지를 통해 과거의 경험을 떠올리게 하는 방식입니다. 이 방법은 과거 기억에 전적으로 의존하지요. 하지만 기억은 왜곡될 수 있다는 단점이 있죠.

　칙센트미하이도 처음에는 기존 방법들로 연구했습니다. 하지만 이내 한계를 느낍니다. 그래서 그는 실생활에 바탕을 두고, 기억의 왜곡을 배제하는 전혀 새로운 실험방법을 개발합니다. 실험방법은 간단합니다. 우선 실험 참가자 모두에게 알람을 나누어 줍니다. 이 알람은 정말 귀찮은 장치였어요. 참가자들은 이 장치를 하루 종일 손목에 달고 생활해야 했죠. 알람은 참가자의 사정은 무시한 채 아무 때나 울려 댑니다. 무려 하루에 7~8번씩 울렸죠. 알람이 울릴 때마다 참가자는 하던 일을 잠시 중단합니다. 그리고 그 순간 어떤 일, 행동을 하고 있는지, 느끼는 감정과 심리적 상태는 어떤지 기록해야 했습니다. 칙센트미하이가 처음 고안한 이 실험방법을 <u>경험표집방법(Experience Sampling Method)</u>[1]이라 부릅니다.

경험표집법은 사람들의 생생한 삶을 엿볼 수 있다는 점에서 획기적인 방법이었습니다. 칙센트미하이는 이 방법으로 사람들의 실생활을 마치 옆에서 훔쳐보듯이 관찰했습니다. 세계 각국의 다양한 문화권에 사는 남녀노소가 그 대상이었죠. 무려 수천 명에 다다랐다고 합니다. 칙센트미하이는 이 실험방법으로 예상 밖의 결과를 얻게 됩니다.

다시 처음 질문으로 돌아와 보겠습니다. 사람들이 일상생활에서 언제 가장 즐거움과 만족을 느낄까요? 아마 여러분의 머릿속에는 맛있는 것 먹을 때, 재미있는 TV나 유튜브를 볼 때, 친구들과 놀 때 정도가 떠올랐을 것입니다. 그런데 조사 결과는 우리의 예상을 빗나갔습니다. 그가 발견한 사람들이 가장 즐겁고 만족하는 순간은 이때입니다.

나 자신을 잊어버릴 때.

'도대체 이게 뭔 소리야?'라는 생각이 들지요? 그런데 사실 이 느낌은 누구나 한 번쯤 받아 본 적이 있습니다. 지금 이 책을 읽는 당신도요. 우리 함께 그 기억을 따라가 볼까요?

체육 시간. 당신은 피구 경기 중이다. 남은 사람은 오직 당신 한 명. 내가 죽으면 경기는 끝이다. 공을 잡고 있는 친구는 3반의 에이스, 그가 나를 아웃시키기 위해 째려보고 있다. 나와 에이스의 눈에는 불꽃이 튄다. 드디어 에이스의 손에서 공이 발사된다. 나는 그 찰나를 놓치지 않고 에이스의 슛을 분석한다.

'눈동자의 방향, 몸의 기울기, 손동작, 노리는 곳은 내 오른쪽 다리야!'
결정은 순간이다. 나는 왼쪽으로 몸을 던졌다.

이 순간이 바로 '나 자신을 잃어버릴 때'입니다. 무언가에 온통 집중한 나머지 내 존재 자체도 사라져 버린 순간이죠. 이 순간이 전 세계의 수많은 사람들이 증언한 '정말 즐겁고 만족했던 경험'입니다. 칙센트미하이는 '모든 것을 잊은 채 지금 집중하는 일에 온몸과 의식을 맡기고 흘러간다'는 의미로 이 경험에 이렇게 이름 붙입니다.

Flow [플로우]

1. 흐름.

2. 계속적인 공급, (공급 생산품의) 흐름.

3. (계속 이어지는) 말.

영어사전에서 flow의 뜻은 '흐름, 이어지는 것'이란 의미입니다. 하지만 한국에서는 칙센트미하이의 플로우를 '흐름'으로 번역하지 않습니다. 그 대신 '몰입'이라고 부릅니다. 즉, 몰입이란 무언가에 홀딱 빠져 있는 상태입니다. 칙센트미하이는 몰입을 이렇게 묘사합니다.

> "누구에게나 한 번쯤은 외부 환경을 떨치고
> 운명의 주인이 나인 듯한 느낌이 드는 순간이 있다.
> 이때 우리의 기분은 마냥 고양되고 행복감을 맛본다."

📑 서울에서 부산까지 가장 빨리 가는 방법은 사랑하는 사람과 함께 가는 것이다. 그 사람에게 집중하느라 시간이 가는지 깨닫지 못할 테니까.

몰입의 즐거움

몰입의 쾌감 인터뷰

아, 학교도 가지 않고 하루 종일 하고 싶은 것만 하고 살면 얼마나 행복할까? 이런 꿈을 꾼 적이 있지요? 칙센트미하이도 같은 생각을 했습니다.

'인간이 언제 가장 행복한지 답을 찾기 위해 하루 대부분을 자신이 원하는 일로 채우는 사람들을 찾아 인터뷰를 하자.'

그래서 칙센트미하이가 찾은 사람들은 화가, 바이올리니스트, 작곡가, 음악가, 프로 운동선수, 체스의 대가 같은 예체능 분야의 전문가였습니다. 자기 일을 정말 사랑하지 않았으면 불가능했을 직업을 가진 사람들이었죠. 칙센트미하이는 그들에게 '어떤 경험이 인간에게 만족과 즐거움을 가져다주는가?'라는 질문을 던졌습니다. 그들은 이렇게 대답합니다.

"내가 좋아하는 일에 빠져 있을 때 가장 즐겁고 만족스럽습니다."
칙센트미하이는 또 물었지요. "구체적으로 어떤 느낌이 들었나요?"

"내가 하고 있는 일에 몰입되어 나 자신과 등반이라는 행위가 하나가 되죠."

_ 암벽 등반가

"그때의 집중력은 매우 완전합니다. 마음은 방황하지 않고 다른 것은 생각하지 않습니다. 에너지는 물 흐르듯이 흐르며, 여유롭고, 편안하고 활력이 넘칩니다."

_ 발레리나

"어느 곳에서도 맛보지 못한 느낌이랄까요? 어느 때보다도 더 큰 자신감을 얻게 됩니다. 내게 골치 아픈 문제가 있어도, 연습실에 들어가는 순간 그 문제들 모두 문 안으로 들어오지 못합니다."

_ 바이올린 연주가

"경기장, 이것만이 중요해요. 경기장 밖에서는 때때로 여자 친구와 싸운 문제를 생각하지만 일단 경기에 들어가면 완전히 잊어버려요."

_ 농구 선수

"내 또래 아이들은 생각이 많아요. 그러나 일단 경기를 시작하면 마음속에 남는 것은 축구뿐입니다."

_ 축구 선수

"행복감을 느끼는 동시에 내가 나의 세계를 완전히 장악하고 있다는 느낌을 받습니다."

_ 체스 선수

《몰입 flow》(미하이 칙센트미하이 저, 한울림출판사, 2004)에서

"피곤한 거랑 불행한 거랑은 아예 다른 일이라고 생각해요. 바쁠 때 오히려 살아 있다고 느껴져요."

_ Wanna One, 강다니엘

나와 일이 하나가 되는 느낌, '그 일' 이외에 아무런 잡념도 끼어들지 못하는 무아지경의 느낌이 몰입입니다. 그리고 진정 몰입했을 때

강한 행복감을 느낍니다. 혹시 지금 '프로 연주가, 프로 운동선수, 아이돌은 특별한 사람들이잖아. 그러니까 이런 경험을 하지.'라고 생각하고 있나요? 그렇다면 칙센트미하이의 다른 인터뷰도 살펴봅시다.

"독서는 내 딸이 정말 깊게 빠져드는 것 중 하나에요. 우리는 함께 책을 읽어요. 딸은 나에게 읽어 주고 저는 딸에게 읽어 줍니다. 그 순간은 나머지 세상과 관련된 생각들을 잃어버릴 수 있죠."

"저는 의자를 수리합니다. 의자 커버가 팽팽하게 당겨져 딱 들어맞을 때, 특히 단 한 번에 그렇게 될 때 기분이 날아갈 것 같습니다."

_《몰입 flow》(미하이 칙센트미하이 저, 한울림출판사, 2004)에서

누구의 응답일까요? 주부와 의자수리공의 인터뷰입니다. 매우 평범한 사람들이죠. 이들이 몰입을 경험한 독서, 의자 수리는 평범한 사람들의 평범한 일상이었습니다.

"집 밖에 나가는 것, 사람들과 이야기를 나누는 것, 동물들과 함께 있는 것, 꽃, 나무, 새, 동물과 친구가 되는 것. 이것들로 상쾌하고 행복한 기분에 젖게 됩니다."

_《몰입 flow》(미하이 칙센트미하이 저, 한울림출판사, 2004)에서

이 인터뷰는 이탈리아 알프스의 폰트 트렌타츠라는 작은 농촌마을에 사는 70대 할머니, 세라피냐의 말입니다. 평생 농사만 하면서 산

70대 할머니도 몰입을 경험합니다. 할머니가 몰입을 느끼는 순간은 앞서 인터뷰 내용보다 더욱 평범합니다. 집 밖에 나가는 것, 사람들과 이야기를 나누는 것, 동물, 꽃, 나무, 새 등과 어울리는 것. 누구나 언제든지 경험하는 평범한 일상의 순간들입니다. 마지막으로 평범한 소시민인 저의 몰입경험도 소개할게요.

"나는 학창시절 농구를 좋아하고 무척 즐겼다. 어느 날 체육 시간 여느 때처럼 농구를 하던 중 갑자기 코트의 미래가 보였다. 내가 오른쪽으로 드리블해 들어가면 상대편은 나에게 몰릴 것이고 그때 빈 왼쪽 골밑으로 패스를 넣어 노마크 득점하는 그림이 보였다. 아무 이유 없이 머릿속에 그려졌다. 그림대로 오른쪽으로 돌파 후 패스를 날렸다. 심지어 우리 편을 보지도 않은 채로. 그런데 성공했다. 내가 본 미래가 현실이 됐다. 그때 느꼈던 쾌감은 지금도 잊지 못한다. 마치 내가 코트를 지배하는 신이 된 느낌이었다."

전 세계 수많은 사람들을 인터뷰한 결과 칙센트미하이는 이렇게 결론 내립니다.

"몰입은 누구나 일상 속에서 찾을 수 있는 행복이다!"

📄 괴로운가? 무언가에 몰두하라. 그것이 불행을 잊는 가장 좋은 방법이다.
— 베토벤

이렇게 하면 몰입에 빠진다

영화감상, 힙합, 자전거 타기, 농구, 배드민턴, 아이돌 덕질하기……. 지금 무엇인가에 홀딱 빠져 있나요? 정신 못 차릴 정도로 집중하는 것이 있나요? 그렇다면 당신은 참 행복할 거예요. 무언가에 빠져 있는 그 순간 몰입을 즐길 수 있으니까요.

만약 여러분이 요즘 즐거운 일이 없이 지루하다면? 몰입을 느낄 만한 일을 찾으면 됩니다. 하지만 문제는 아무 일에서나 몰입을 느끼지 못한다는 점이죠. 어떤 일이 나를 몰입으로 이끌지 칙센트미하이의 이야기를 살펴봅시다. 2

자기목적적 경험을 하자

몰입을 느낄 수 있는 경험의 가장 핵심요소는 자기목적적 경험 (autotelic experience)입니다. 자기목적적 경험이란 '경험 자체가 목적인 경험'을 의미합니다. 말이 조금 어렵지요? 다음 예를 보면 쉽게 이해할 수 있습니다.

쇼핑하기

- 친구와 친해지기 위해 친구 따라가서 쇼핑한다. (자기목적적 경험 X)

- 쇼핑 자체가 재밌어서 혼자서도 쇼핑을 즐긴다. (자기목적적 경험 O)

카페 아르바이트

- 돈을 벌기 위해 카페 아르바이트를 한다. (자기목적적 경험 X)

- 카페 일을 배워 보고 싶어서, 카페가 좋아서 아르바이트를 한다. (자기목적적 경험 O)

수학 공부

- 3등 안에 들어 부모님, 친구들에게 인정받으려 공부한다. (자기목적적 경험 X)

- 진짜 짜증 나고 열 받지만 하다 보니 나름 재밌는데? (자기목적적 경험 O)

무언가 보상을 바라는 경험은 자기목적적 경험이 아닙니다. 돈을 벌기 위한 아르바이트는 받을 '돈'에 집중하게 되지요. 당연히 빨리 일을 끝마치고 돈을 타기만 원합니다. 친구를 따라 하는 쇼핑은 쇼핑보다 친구의 기분을 더 살피게 됩니다. 보상이 목적인 활동은 활동 자체에 집중하기 힘듭니다.

반면 자기목적적 경험은 내 마음이 보상을 선사해 줍니다. 즐거움, 만족, 신나는 기분이 그 보상입니다. 활동이 좋으니까 경험 자체가 첫 번째 목적이 됩니다. 어떤 활동이 내게 몰입의 행복을 선사할지 모르겠다고요? 걱정하지 마세요. 대답은 당신의 마음속에 있습니다.

지금 하고 있는 활동이 어떤 보상을 바라고 하는 활동인가요? 보상이 있든 없든 상관없이 계속하고 싶은 활동인가요? 만약 두 번째 질문에 주저 없이 "네"라고 대답했다면 그 활동에 더 집중해 보세요. 몰입의 기쁨이 당신을 찾아갈 것입니다.

보상이 있든 없든 상관없이 꾸준히 하고 있는 활동이 있나요?

예: 쇼핑하기

1.

2.

3.

몰입의 끝판왕, 게임

몰입의 행복을 주는 활동의 핵심은 보상을 신경 쓰지 않는 자기목적적 경험입니다. 그런데 처음부터 순수하게 즐길 수 있는 활동은 흔치 않아요.

"이번에 90점 넘으면 핸드폰 바꿔 줄게."

"넌 그 유튜브 채널도 못 봤냐? 아, 진짜 얘기를 못하겠네."

이처럼 우리는 보통 부모님의 인정이나, 유행 따라잡기 같은 어떤 목적을 갖고 활동을 시작합니다. 이렇게 보상을 바라고 시작한 활동은 영영 몰입의 즐거움을 느낄 수 없을까요? 걱정하지 마세요. 보상이나 강요로 시작한 일이어도 자기목적적 경험으로 변할 수 있습니다. 처음에는 힘들고 지루해도 반복하다 보면 어느새 순수한 재미가 느껴지는 활동들이 있기 때문입니다. 그렇다면 어떤 활동들이 순수한 재미를 줄까요? 칙센트미하이는 다음과 같이 대답합니다.

"나의 기술과 난이도가 조화를 이룬 활동."

사실 누구나 이 원리를 몸소 체험해 봤습니다. 바로 게임을 통해서

이지요. 게임업계는 몰입을 가장 진지하게 연구하는 최고 전문가 집단입니다. 게임 제작자는 여러분을 어떻게 몰입에 빠뜨릴지 치열하게 고민합니다. 게임 제작자들의 고민한 결과를 한 번 살펴볼까요?

1단계 : 쉬운 시작. "오~ 쉽다, 아싸. 벌써 레벨업이다!"

어느 게임이든 시작은 매우 쉽습니다. 액션게임의 초반 몬스터인 슬라임, 고블린들은 허약해 빠졌고, 퍼즐이라면 손가락 한 번 까딱해 풀 수 있을 정도로 간단하죠. 쉬운 미션이 해결되면 바로 레벨업 보상이 기다립니다. 하지만 게이머는 곧 쉬운 난이도에 익숙해집니다. 익숙함은 필연적으로 지루함을 불러오고 몰입은 중단됩니다.

2단계 : 기술 숙련. "아, 죽었다. 어떻게 해야 깨지? 레벨업하고 새 스킬 익혀야겠다."

게임 제작자는 당신의 몰입이 끊기도록 그냥 두지 않습니다. 드래곤이나 대마법사가 출동하고 퍼즐은 머리가 지끈거릴 만큼 복잡해집니다. 다시금 게이머는 자신의 기술을 총동원해 눈앞의 미션을 해결합니다. 몰입하게 되는 것이죠.

그렇게 게이머의 실력이 더 발전하면 그에 발맞춰 몬스터들도 강해지고, 퍼즐은 어려워집니다. 이렇게 게임 제작자는 게이머의 실력과 게임의 난이도를 적절히 조절해 게이머가 계속 몰입하게 만듭니다. 이때 꼭 지켜야 될 원칙은 게이머의 실력보다 '조금 더 어려운 난이도'입니다. 너무 어려워 포기하지 않게, 너무 쉬워서 시시하지 않게, 실력과 난이도를 조화시킵니다.

3단계 : 도전 의식. "아! 아까비, 한 방만 더 때리면 됐는데… 한 번 더 도전!!"

내가 가진 기술을 마음껏 펼쳐야만 하는 아슬아슬한 승부가 순수한 재미를 줍니다. 만약 실패했어도 '다시 한 번 하면 할 수 있어!'라는 도전의식을 심어 주지요. 이 도전의식과 순수한 재미가 당신을 몰입으로 안내합니다.

묵찌빠, 닭싸움, 숨바꼭질, 뽀로로 보기, 전래동화 읽기, 덧셈 뺄셈 하기, 구구단 외우기….

듣기만 해도 시시하고 지루하죠? 몰입을 느끼고 싶다면 이런 활동은 피하세요. 대신에 스도쿠, 체스, 장기, 바둑, 수영, 티볼, 축구, 농구 배우기, 좋아하는 장르 영화 보기, 소설 읽기, 조금 어렵지만 풀 만한 수학 문제집 풀기처럼, 조금 노력해야 목표를 달성할 수 있는 활동들이 몰입을 불러옵니다. 물론 취향에 맞는 활동이어야 하겠지요?

📝 **아주 조금 어렵게, 아주 많이 재밌게.**

지루한 일에도
행복은 숨어 있다

"재미없는 일은 절대로 즐거울 수 없다."

상식적으로 생각했을 때 맞는 말입니다. 재미없으면 즐겁지 않죠. 그런데 몰입 이론은 이 당연한 상식을 깨버립니다. 재미없어도 즐거울 수 있습니다. 왜냐하면 몰입 이론이 즐거움의 새로운 일면을 보여줬기 때문입니다.

"즐거워서 집중하는 것이 아니라 집중해서 즐겁다."

몰입 이론에 따르면 '집중' 자체가 즐거움을 불러옵니다. 사람들은 '집중'이 주는 황홀감을 느끼기 위해 고통스럽고 힘들어도 다시 뛰어듭니다. 그렇기에 '재미없는 일은 절대로 즐거울 수 없다.'는 말은 틀렸습니다. 이 말은 이렇게 바꿀 수 있습니다.

"재미없어도, 괴롭더라도 나를 몰입하게 만들어 준다면
즐겁고 만족할 수 있다."

앞서 인터뷰를 다시 살펴보면 '지루하고 괴로워도 즐거울 수 있다'는 말의 의미를 이해할 수 있습니다.

"그때의 집중력은 매우 완전합니다. 마음은 방황하지 않고 다른 것은 생각하지 않습니다. 에너지는 물 흐르듯이 흘러가며, 여유롭고, 편안하며, 활력이 넘칩니다."

_ 발레리나

이 발레리나가 처음 발레를 시작했을 8살에도 편안하고 활력이 넘치는 기분을 느꼈을까요? 당연히 아닐 것입니다. 발끝으로 온몸을 지탱하는 일은 고통이었겠죠. 그런 고통의 시간을 수십 년 견뎌야 했을 것입니다.

"저는 의자를 수리합니다. 의자 커버가 팽팽하게 당겨져 딱 들어맞을 때, 특히 단 한 번 만에 그렇게 될 때 기분이 너무나 좋아집니다."

_ 의자 수리공

의자 수리 역시 기술이 손에 익을 때까지는 수없이 연습했을 것입니다. 짜증 나고 힘든 과정이었겠죠.

"집 밖에 나가는 것, 사람들과 이야기를 나누는 것, 동물들과 함께 있는 것, 꽃, 나무, 새, 동물과 친구가 되는 것. 상쾌하고 행복한 기분에 젖게 됩니다."

_ 이탈리아 농부 세라피나 할머니(76세)

세라피나 할머니의 모든 일상은 몰입의 행복에 젖어 있습니다. 하지만 젊은 시절부터 이런 행복감을 느꼈던 것은 아니었다고 말합니다.

"알프스 마을 생활이 쉬웠던 적은 한 번도 없었어요. 매일매일 생존하기 위해서 밭매기, 씨뿌리기 등 고된 노동부터 바느질, 뜨개질 같이 어려운 수공예까지 광범위한 일들을 숙달해야만 했어요. 하지만 지금 나는 자유롭습니다. 내가 하고 싶은 일은 무엇이든 할 수 있으니까요. 내가 내 인생의 주인이죠."

_《몰입 flow》(미하이 칙센트미하이 저, 한울림출판사, 2004)에서

위 인터뷰 대상들 모두 처음부터 몰입의 즐거움을 느낀 것은 아니었습니다. 시작은 지루함, 어려움, 고통이었을 것입니다. 하지만 이 지루하고 때론 고통스럽기까지 한 과정은 어느새 쾌감, 황홀감, 인생의 주인의식으로 변했습니다. 이런 관점에서 보면 몰입이란 행복의 문을 여는 열쇠는 지루함, 고통일지 모릅니다.

🖐 즐거워서 집중하는 것이 아니라 집중해서 즐거운 것이다.

몰입의 행복에 도전하자

🗨 승찬이 이야기

"축구는 어려워. 공도 몇 번 만지지도 못했는데 삑사리만 나고. 난 진짜
재능이 없나 봐."

승찬이의 결정적인 실수로 경기는 패배했다. 승찬이는 크게 낙심했다.
승찬이는 다시는 축구공을 쳐다보지 않겠다고 결심했다.

🗨 효주 이야기

"아, 정말 몸이 내 마음대로 안 움직여. 난 박치인가 봐. 우스꽝스럽고
창피해."

처음 걸그룹 트와이스의 춤을 따라 했을 때, 효주는 투덜거렸다. 하지만 효주는 제멋대로인 몸을 리듬에 맞추는 연습을 멈추지 않았다. 어색함, 부끄러움을 참고 꾸준하게 반복했다.

승찬이는 끝까지 몰입의 즐거움을 느낄 수 없었습니다. 중간에 포기했기 때문이죠. 하지만 효주는 달랐습니다. 효주도 승찬이처럼 포기했다면 자신도 잊은 채 리듬에 몸을 맡기는 쾌감을 느낄 수 없었을 것입니다. 수학여행 때 전교생이 보는 앞에서 춤을 뽐내는 기쁨도 못 누렸을 거예요.

악기 연주 : 피아노, 기타, 우쿨렐레, 바이올린, 가야금, 단소, 소금.

게임 : 스도쿠, 체스, 장기, 바둑, 루미큐브, LOL, 오버워치, 다크소울.

스포츠 : 수영, 축구, 티볼, 농구, 배구, 야구, 핸드볼, 헬스, 자전거 타기.

예능 활동 : 방송 댄스, 나만의 만화, 소설, 시 창작하기, 아이돌 덕질.

지적 활동 : 문학, 인문학, 심리학책 읽기, 영어, 일어 등 외국어 익히기, 어려운 수학 문제 풀기, 한국사, 세계사 배우기.

일상생활 : 맛있게 요리하기, 뜨개질, 십자수 하기, 책상, 사물함 예쁘게 정리하기, 아이섀도, 마스카라, 립스틱으로 예쁘게 화장하기, 친구와 수다 떨기.

앞에 제시한 활동 대부분은 시작부터 몰입의 즐거움을 느끼기는 힘듭니다. 많은 경우 어려움, 어색함, 부끄러움이 함께 시작되죠. 그리고 지루한 기술 연마 과정이 이어집니다. 즉, 몰입의 즐거움을 느끼려면 어느 정도 인내와 노력이 필요합니다. 많은 친구들이 이 벽 앞에서 포기합니다.

혹시 오해할까 봐 당부하지만 '열심히 노력해서 대단한 전문가가 되어야 행복하다. 그러니 참고 또 참고 노력하자'는 이야기를 하려는 것은 아닙니다. "쟤는 정말 대단해"라는 타이틀에 집착하는 일은 오히려 몰입을 방해합니다. 주변에 신경 쓰느라 경험 자체에 집중할 수 없기 때문입니다.

또한 행복해지기 위해 꼭 전문가가 될 필요는 없습니다. 전문가가 안 되어도, 몰입을 못 느낀다고 해서 불행해지는 것은 아닙니다. 몰입이 행복해지는 유일한 길은 아니니 행복해지기 위해 꼭 몰입을 선택할 필요는 없습니다. 다만 저는 이 말을 전하고 싶습니다.

'지금 이 한 고비만 넘어서면 엄청난 즐거움과 행복을 느낄 수 있어요!'

처음 춤을 출 때 우스꽝스러운 내 모습이 부끄러워도, 지금 치고 있는 피아노 악보가 콩나물로 보인데도, 친구가 강추해 준 10권짜리 소설책 초반이 너무 지루해도, 처음 해본 어색한 화장에 친구들이 놀려도, 배틀 그라운드에서 어떤 버튼을 누르는지 몰라 실수를 연발해 친구에게 욕을 먹어도, 영어 단어가 너무나 안 외워지고 수학 문제가 도저히 안 풀린다 해도……

이 고비를 이겨 내고 계속 도전한다면 그래서 기술들이 몸에 밴다면 이전에는 맛보지 못한 황홀감을 느낄 수 있습니다.

지금 '내가 할 수 있을까? 한 번 해볼까?' 혹은 '아, 재미있기는 한

데… 어려운데.'라고 생각하고 있다면 조금만 힘내서 도전해 보는 게 어떨까요? 제가 농구를 하며 맛본 쾌감도 꾸준한 연습과 시합이 없었다면 평생 못 느꼈을 것입니다.

주변이 고요해지고 시간이 사라지는 느낌,

나와 그 활동이 하나가 된 느낌,

나조차도 사라지는 느낌,

내가 주변을 지배하고 조정하는 느낌,

그 활동을 생각만 해도 가슴이 두근대는 느낌.

이 느낌을 느끼고 싶다면 도전해 보세요!

🖐 끌리지만 용기가 안 나 도전 못하는 일이 있나요?
끌리지만 초심자의 벽을 넘지 못하고 포기했나요?
그렇다면 지금 당장 도전해 보세요. 그 무엇도 아닌 행복하기 위해서.

'삶의 의미'를 찾아가는 여정에서

매일 행복 줍기

06

고통이
행복으로
변하는
마법

매일이 고통스러운데도 행복할 수 있을까?

만족스런 삶에 관한 역설

"매일 일상이 힘겹고 고통스러워요."

이런 생각을 가진 사람이 만족한 삶을 살기란 힘들 것입니다. 그런데 지금부터 소개할 프린스턴대학교의 심리학자 대니얼 카너먼(Daniel Kahneman)의 연구📖*는 이 당연한 사실을 의심하게 만듭니다. 지금부터 카너먼의 '만족스런 삶에 관한 역설' 연구를 소개하겠습니다.

카너먼은 일상에서 느끼는 감정과 행복 간의 관계를 알고 싶어 했

● 대니얼 카너먼은 심리학자이지만 심리학적 관점에서 경제학도 연구한 재밌는 이력의 학자입니다. 심리학을 기반으로 한 행동경제학을 창시하여 노벨 경제학상을 수상하기도 한 심리학, 경제학 양 분야의 세계적인 석학입니다.

습니다. 이를 위해 일상재구성법(Day reconstruction method)이란 조사방법을 고안합니다. 응답자들은 전날 활동들을 회상하며 질문지를 작성합니다. 오전에는 어떻게 보냈는지, 오후에는 어떻게 보냈는지, 학교에 갔는지? 친구와 놀았는지? 언제, 어디서, 누구와, 어떻게, 매 사건을 상세히 적습니다. 그리고 응답자들은 각 사건에서 느낀 감정을 평가합니다.

긍정적인 감정 : 행복하다, 따뜻하다, 친근하다, 즐기다 등.
부정적인 감정 : 좌절을 겪다, 괴롭다, 우울하다, 들볶이다, 화난다, 적대감을 느끼다, 걱정되다, 불안하다, 비판받다, 무시받았다 등.

이 방법을 통해 카너먼은 사람들이 일상에서 겪는 다양한 사건들과 그에 관한 감정의 데이터를 얻었습니다. 두 번째로 카너먼이 알고 싶었던 것은 개별 사건들에 대한 감정이 아닌 전체적으로 바라본 삶의 만족도였습니다. 이 일은 일상재구성법에 비해 무척 쉬웠습니다.

"당신은 최근의 삶을 얼마나 만족하나요?"

이를 통해 카너먼은 일상 사건들과 관련된 감정, 그리고 특정 기간 동안의 전체적인 삶의 만족도에 관한 데이터를 얻습니다. 그리고 카너먼은 일상 감정과 전체적인 삶의 만족도 데이터를 비교합니다. 상식적으로 생각하면 일상 사건들에서 긍정적인 감정들을 더 많이 느끼면 느낄수록 삶의 만족도도 높아야 하겠죠. 그런데 놀랍게도 결과는 예상과 달랐습니다.

일상 경험들이 주는 감정(첫 번째 질문)과 전체 삶에 대한 만족도(두 번째 질문)는 많은 경우 다르게 나타났습니다.

"요즈음 아침 일찍 출근하느라 피곤했고, 상사에게 시달리느라 괴로웠어요. 집에 와 아이들과 놀아 주느라 짜증도 났어요. 그나마 가족들과 웃으며 함께한 저녁식사가 따뜻했어요."

"최근의 삶이요? 만족합니다. 저는 행복하게 살고 있어요."

"매일 아기를 돌보고 있습니다. 기저귀를 갈고, 우는 아이를 달래 줍니다. 아이를 안아 주느라 어깨도 아프고요. 잠도 거의 못 자요. 피곤한 일입니다. 너무 들볶일 때는 아이가 못 견딜 정도로 미워요. 그나마 가끔 꺄르르 웃을 때 행복을 느껴요."

"최근의 삶이요? 하루하루 보람됩니다."

아침 출근 준비, 일 더미, 상사의 잔소리 등 직장생활은 고된 일입니다. 아이를 먹이고, 재우고, 쉴 새 없이 기저귀를 가는 엄마 역할 역시 힘들기는 마찬가지이죠. 이 두 남녀의 일상 경험은 힘들고 불쾌한 일의 연속입니다. 하지만 삶의 만족도는 둘 다 높았습니다. 경험의 만족도와 전체적인 삶의 만족도 결과가 반대로 조사된 것이죠. 카너먼은 이 조사를 확대해 무려 미국인 약 60만 명을 대상으로 대대적인 행복도 조사를 실시합니다. 카너먼은 이 조사 에서도 역시 똑같은 현상을 발견합니다.

불쾌한 경험이 일상인 사람인데도 삶을 만족스럽게 생각했고, 즐거운 경험이 가능한 사람인데도 삶은 불만족스러워한 것이지요. 카너먼은 이렇게 결론을 내립니다.

"순간 순간 얼마나 행복한가? (경험의 만족도)

삶을 얼마나 행복하게 살고 있는가? (삶의 만족도)

이 둘은 많은 경우 다른 문제이다!"

🗒 **일상 경험의 느낌과 삶의 행복은 다를 수 있다.**

경험과 기억은 다르다
대장 내시경을 통한 경험 vs 기억의 충돌 실험

순간, 순간은 힘들어도 삶은 전체적으로 만족스럽게 기억하는 이유

● 이 둘 사이의 관계는 0.5 정도의 상관관계를 보였다고 합니다. 일정 수준의 연관성이 있다는 뜻입니다. 하지만 둘 사이 상관이 없는 경우도 굉장히 많았다는 뜻이기도 합니다.

는 무엇일까요? 지금부터 소개하는 카너먼의 기묘한 실험에서 해답을 찾을 수 있습니다.

카너먼은 대장 내시경을 받아야 하는 환자들을 대상으로 흥미로운 실험을 합니다. 대장 내시경 검사가 무엇인지 아시나요? 카메라가 달린 기다란 호스를 항문에 쑥쑥 집어넣어 대장을 뒤적거리며 대장의 상태를 알아보는 검사입니다. 말 그대로 항문이 뚫리는 검사이죠. 끔찍하지요? 그나마 요즘엔 기술 발달로 덜 고통스럽지만 이 실험을 실시한 1990년대에는 꽤나 고통스러운 검사였다고 해요. 당시 대장 내시경 검사에는 두 가지 방법이 있었습니다.

A) 한 번에 내시경을 쑥 넣고, 쑥 뽑아서 고통스럽지만 짧게 끝나는 방법

B) 천천히 내시경을 투입해서 고통의 강도를 조절하지만 시간은 오래 걸리는 방법

카너먼은 두 가지 대장 내시경 검사를 이용해 이 질문의 해답을 찾고 싶었습니다.

'순간의 고통'과 '검사의 전체적인 고통'은 같을까? 다를까?

이제 본격적인 실험이 시작됩니다. 카너먼은 A, B 검사를 받은 실험 참가자들에게 순간, 순간의 고통을 기록하게 합니다. 결과는 다음 그래프와 같습니다.

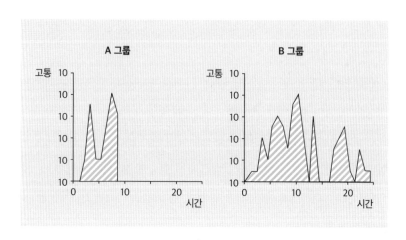

A 그룹은 내시경이 한 방에 들어갔다 나오는 것이 그래프로 보입니다. 굵은 고통이 짧게 지나갑니다. B 그룹은 고통의 강도가 서서히 늘어나다 서서히 줄어드는 것이 보이죠. 고통이 천천히 증가하지만 그래도 고통의 최고 강도는 A와 비슷합니다.

이제 그래프의 빗금 친 부분을 보세요. 순간의 고통들을 기록한 그래프이니 빗금 친 부분의 넓이로 고통의 총량을 짐작할 수 있습니다. 빗금 친 부분의 넓이를 비교하면 B 그룹 고통의 총량이 A 그룹보다 약 2배 큰 것을 확인할 수 있습니다. 이 사실을 꼭 기억해 주세요.

검사가 끝난 후 카너먼은 환자들에게 묻습니다.

"고통의 총량은 어느 정도였나요?"

그리고 일주일 뒤에 또 한 번 묻습니다.

"일주일 전 검사는 얼마나 고통스러웠나요?"

"검사는 얼마나 안 좋은 기억으로 남아 있나요?"

이렇게 카너먼은 순간 고통의 변화 모습, 고통의 총량, 그리고 환자들이 각 검사를 얼마나 고통스럽게, 나쁘게 기억하는지에 대한 데이터를 얻었습니다. 실험은 끝났습니다. 이제 이 데이터들을 분석해 결과를 확인해 보겠습니다.

앞서 순간의 고통을 기록한 그래프를 기억하시죠? 순간 고통의 총합은 A 그룹보다 B 그룹이 훨씬 컸습니다. 그러니 방법 B를 더 고통스럽고, 나쁜 경험으로 기억하는 것이 자연스럽겠죠. 하지만 환자들의 응답은 달랐습니다.

- 순간 고통의 합(그래프)　　　　　A 〈 B
- 검사 후 바로 환자가 응답한 고통의 총량　A 〉 B
- 일주일 뒤 기억에 남은 고통의 정도　　A 〉 B
- 검사를 얼마나 나쁘게 기억하는지 정도　A 〉 B

참 이상한 일입니다. 분명 그래프에 나타난 고통의 합은 B 그룹이 높았습니다. 그럼에도 불구하고 A 그룹이 더 고통을 크게 느꼈다고 응답했습니다. 시간이 흐른 후에도 A 그룹이 더 고통스럽다고 기억했고 검사 자체도 A 그룹이 더 나쁘게 기억했습니다. 참가자들의 기억은 분명 이상합니다.

카너먼은 이 이상한 현상의 이유가 순간 경험과 기억의 차이에 숨어 있다고 말합니다. 카너먼에 의하면 우리 머릿속에는 '경험하는 나'와 '기억하는 나'가 분리되어 있습니다. 편의를 위해 지금부터 '경험나'와 '기억나'로 부를게요. '경험나'는 순간을 느끼고 판단하는 주체입니다. '경험나'는 '지금 이 순간 즐겁다, 아프다, 괴롭다'를 판단합니다.

카니먼은 인간이 인식하는 '순산'의 단위는 최대 3초 정도라고 말합니다. 그렇다면 순간은 하루에만 무려 2만 8천 개가 넘습니다. 한 달이면 약 86만 개, 1년이면 무려 약 1000만 개의 순간이 나타났다 사라지죠. 평생이라면? 어마어마한 숫자입니다. 이 수억 개의 순간들을 정리하는 중대한 역할을 맡은 존재가 '기억나'입니다. 기억나는 외칩니다.

"나보고 어떻게 이걸 다 정리하라고?!"

'경험나'가 끊임없이 던지는 순간들을 모두 정리하자니 화날 만하겠지요? 그래서 '기억나'는 모든 순간을 정리하는 일을 애초에 포기합니다. 그 대신 남길 '경험나'와 버릴 '경험나'를 선별하기로 결심하죠. '기억나'가 남겨 둘 '경험나'의 조건은 두 가지입니다.

1. 강렬했던 경험.
2. 경험의 결말.

이 기준으로 '기억나'는 강렬했던 몇 가지 '경험나'와 경험이 마무리되던 시기의 '경험나'들만 선별합니다. 나머지 수만, 수억 개의 '경험나'들은? 망각의 쓰레기통행이죠. 머릿속에서 깡그리 지워집니다. 이 '기억나'의 선별과정 덕에 기묘한 일이 벌어집니다.

다시 실험으로 돌아가 봅시다. 고통의 총량은 B 검사가 2배 정도 컸습니다. 하지만 A 검사를 받은 사람들이 더 아팠고, 일주일 뒤에도 더 아프다고 기억했고, 검사 자체도 더 부정적으로 기억했습니다. 카너먼은 이 현상을 '기억나'의 장난으로 설명합니다. '기억나'가 경험을 정리하는 원칙은 두 가지였습니다.

1) 강렬했던 경험

A 검사 : 항문으로 갑자기 호스를 집어넣었음. 강렬한 고통.

B 검사 : 서서히 집어넣어 고통이 강렬하지 않음.

2) 경험의 결말

A 검사 : 엄청난 고통을 준 후 다시 갑자기 호스를 뽑아 버림. 결말이 고통스러움.

B 검사 : 서서히 뽑은 덕에 결말의 고통이 작음.

'기억나'는 이 두 가지 조건에 맞게 '강렬했던 고통의 경험나'와 '마무리 고통의 경험나'를 저장했습니다. 이것이 A 검사 참가자들이 검사를 더 고통스럽게 기억한 이유입니다. B 그룹은 서서히 호스를 조정한 덕에 고통의 강렬함 그리고 결말의 고통 모두 약했습니다. B 그룹의 '기억나'는 '강렬하지 않은 고통과 마지막 순간 약했던 고통의 경험나'만 남깁니다. 나머지는 쓰레기통에 버렸죠. 그래서 순간고통의 총량은 B 그룹이 많았음에도 불구하고 A 환자들이 더 많은 고통을 느꼈고, 검사를 더 나쁘게 기억한 것입니다.

우리의 상식은 다음과 같습니다. "고통스런 경험과 즐거운 경험들의 총량이 불행한 기억과 행복한 기억을 결정한다." 하지만 카너먼은 이 상식이 틀릴 경우도 있다는 사실을 증명해 낸 것이지요. 경험 그 자체와 경험을 어떻게 기억하는지는 다를 수 있기 때문입니다. 덕분에 우리의 삶 속에선 이런 모순적인 일들도 벌어질 수 있습니다.

"즐거움이 충만해도 삶은 불행할 수 있고,

고통이 넘쳐도 삶을 행복하게 기억할 수 있다."

경험의 질을 결정하는 것은 '경험나'가 아니다.
'경험나'를 선별하는 '기억나'가 우리 경험의 질을 정한다.

고통을 행복으로 여기는 사람들

우리 주변에는 고통이 넘치는 삶을 살았지만 이것을 행복하게 기억하는 사람들이 있습니다. 그들의 이야기를 들어 보겠습니다.

1961년부터 건국대 후문에서 담배 가게를 한 이순덕 할머니는 2005년 '건국대 학생들에게 번 돈을 학생들에게 돌려주고 싶다.'면서 4억 상당의 2층 건물을 학교에 기부했다. 2006년에는 6·25 전쟁에서 헤어진 두 여동생과 함께 살려고 모아 둔 2억 원을, 10년 뒤 2015년에 건국발전기금으로 써달라며 1억 원을 더 내놓았다.

황해도 연백에서 태어나 홀로 서울에 정착한 할머니는 통일이 되면 고향에 남겨 둔 여동생을 만나겠다는 염원을 품고 삯바느질과 허드렛일을 하며 악착같이 돈을 모았다고 한다.

💬　80대 할머니가 노점상 등을 해서 모은 전 재산 5억 원 가량을 사회에 환원했다. 경기 성남시 중원구 성남동에 사는 홍계향(81·사진) 할머니는 지금 살고 있는 4층 규모의 단독 주택(5억5,000만 원 상당)을 사회복지 공동 모금회 '행복한 유산'으로 등록, 성남시 저소득 층 복지기금에 쓰도록 했다. 이번 기부는 홍 할머니가 노점상, 지하철 청소, 공장 노동자로 일하며 어렵게 모은 재산이다.

홍 할머니는 평소 재산 기부에 대한 생각을 가졌다가 외동딸이 2010년 질병으로 죽고, 치매를 앓던 남편마저 사망하면서 재산 기부 절차를 밟게 됐다. 홍 할머니는 "정신이 온전할 때 미리 재산을 사회에 내놓기로 했다. 기부하고 나니 이제 마음이 홀가분하다. 만족스럽다"고 말했다.

💬　지난 9일 새벽 서울 마포에 있는 원룸에 시커먼 불길이 치솟았다. 가장 먼저 119에 신고한 이는 건물 4층에 살던 28살 청년 안치범 씨. 그는 안전하게 빠져나왔지만, 활활 타는 원룸을 지켜보다 다시 건물 안으로 뛰어들었다. 너무 이른 새벽, 불이 난 것도 모른 채 자고 있을 이웃을 깨우기 위해서였다. 실제 이웃 주민들은 "잠자는데 누군가 초인종을 누르고 문을 두드리며 '나오세요'라고 외쳐 탈출할 수 있었어요."라고 증언했다.

덕분에 모두 무사했다. 그러나 건물을 빠져나오지 못한 딱 한 사람이 있었다. 집집마다 초인종을 누르며 위험을 알렸던 안치범 씨는 5층 계단에서 유독가스에 질식돼 쓰러진 채 발견되었다. 두 손에는 화상을 입었고, 호흡기엔 심각한 손상을 입었다. 성우를 꿈꾸던 28살 청년은 올해는 시험에 꼭 합격하겠다는 가족과의 약속을 뒤로한 채 숨을 거뒀다.

담배 가게를 하며 평생 모은 전 재산 7억 원을 장학금으로 써달라고 건국대에 기부한 이순덕 할머니. 노점상, 지하철 청소, 공장 일을 하며 평생 모은 5억 원을 어려운 사람을 도우라고 내놓은 홍계향 할머니. 늦은 새벽, 불을 가장 먼저 눈치채고 119에 신고한 후, 이웃 원룸을 일일이 돌며 벨을 누르다 목숨을 잃은 의인 안치범 씨.

두 할머니는 평생 모은 돈으로 세계 여행, 값비싼 레스토랑, 명품 옷, 가방을 살 수 있었습니다. 상상만 해도 흐뭇한 경험들이죠. 하지만 두 할머니는 본인에게 아무런 이득도 안 되는 기부를 선택합니다. 신기한 점은 두 할머니 모두 무척 환하게 웃었다는 사실이에요. 화재를 가장 먼저 눈치챈 안치범 씨는 원룸의 수십 명 중 가장 살아남을 확률이 높은 사람이었죠. 그런데 다른 사람들은 모두 살았지만 안치범 씨는 결국 운명했습니다. 타버릴 듯한 열기, 숨 막히는 고통 속에서도 그는 멈추지 않고 문을 두드렸거든요.

누가 봐도 힘들고, 고통스러운 일을 서슴없이 실천하는 사람들이 있습니다. 왜 이들은 큰 손해를 보는 행동, 심지어 목숨을 버리는 행동을 실천했을까요? 그럼에도 불구하고 행복해 보이는 이유는 무엇일까요?

순간의 '경험나'는 고통을 외치지만 '기억나'는 이 외침을 무시하고 '행복했다'고 기억하는 이유. 이 이유를 심리학에서는 '삶의 의미'라고 말합니다. 삶의 의미, 다른 말로는 삶의 목표, 혹은 신념이라고 부를 수 있습니다. 이순덕, 홍계향, 안치범 님의 마음속 삶의 의미는 아마도 이것이었을 것입니다.

'어려운 사람들의 손을 놓지 말자.'

아프고 힘겨운 경험도 즐거움으로 변할 수 있습니다. 삶의 의미만 있다면요.

앞서 언급했던 갓난아이의 엄마, 직장이 힘겨운 아빠도 모두 순간 경험은 괴로웠습니다. 그런데도 만족스럽다고 말한 이유 역시 삶의 의미 때문일 것입니다. 그들이 가진 의미는 '나의 사랑하는 가족들'이었겠지요. 이처럼 삶의 의미란 고통도 견딜 가치 있는 보람으로 변화시키는 행복의 중요한 요소입니다. 삶의 의미가 확고한 사람들은 행복도, 삶의 만족도가 높고 심리적으로 안정되어 있으며 불안, 우울 성향도 낮습니다. [3]

국경없는의사회에 속해 험지로 의료봉사를 떠나는 의사, 물려받을 재산 한 푼 없어도 끝까지 부모님을 돌보는 자녀, 알지도 못하는 사람들에게 자신의 장기를 내주는 기증자들. 이들에게 순간의 경험을 물어보면 당연히 "힘들고, 지치고, 괴롭다."라고 대답하겠죠. 하지만

● 삶의 의미는 국내외 수많은 과학적 연구들을 통해 증명된 행복의 요소입니다. 삶의 의미를 가지고 있는 사람은 삶의 만족도, 행복도가 높고 우울 및 불안이 낮습니다.

이들에게 몇 달, 몇 년의 삶을 묻는다면 이렇게 대답할 것입니다.

"힘들었지만 남들이 뭐래도 전 만족합니다. 행복했어요."

재미와 즐거움이 행복과 동일하다면 고통은 불행과 동일해야 한다. 하지만 사실은 그 반대다. 행복에 이르는 길에는 어느 정도의 고통이 따라온다.
- 지그 지글러

죽음의 수용소에서 찾는 삶의 의미

아우슈비츠 수용소 이야기 7

갑자기 사람들 사이에서 동요가 일어났다. 다들 창백하고 겁에 질린 표정으로 수군거렸다. 우리는 주먹질을 당하며 목욕탕 대기실로 쫓겨 들어갔다. 그곳에는 나치대원이 있었다.

"앞으로 2분을 주겠다. 2분 안에 입고 있는 옷을 모조리 벗고 가지고 있던 물건과 함께 내려놓는다. 실시!"

● 본 챕터는 다음 책의 이야기를 각색한 내용입니다. 《죽음의 수용소에서》 빅터 프랭클 저, 이시형 역, 청아출판사, 2005

사람들은 상상할 수 없을 정도의 빠른 속도로 옷을 벗었다. 그런데 몇몇은 긴장한 탓인지 내복과 허리띠, 구두끈이 풀리지 않아 낑낑댔다.

"짝!!"

채찍 소리가 울려 퍼졌다. 가죽 채찍이 벌거벗은 몸뚱이 위로 사정없이 떨어졌다. 알몸이 된 우리는 몸에 난 털을 깎기 위해 다른 방으로 옮겨졌다. 머리털뿐만 아니라 몸에 난 털이란 털은 모조리 다 깎였다. 가족도 서로 누군지 알아볼 수 없을 정도였다. 그리고 마침내 샤워실로 입장했다.

"윙."

샤워실 분무기가 작동하기 시작했다. 모두 미동도 하지 않았다. 고요했다. 숨소리조차 들리지 않을 정도로.

모든 시선은 분무기에 집중되어 있었다.

"쏴."

분무기에서 물이 쏟아져 나왔다.

"후."

그제야 여기저기서 안도의 한숨이 터져 나왔다.

'아우슈비츠'라는 이름을 들어 본 적 있나요? 2차 세계대전 당시 독일의 '절멸 수용소' 중 한 곳입니다. 절멸 수용소는 죄인, 포로를 격리하는 일반 수용소와 다릅니다. 절멸 수용소란 수감자를 모두 죽이기 위한 목적으로 세워진 수용소입니다. 당시 독일 나치는 유대인, 집시, 동성애자 등을 지구상에서 모두 없애 버리기 위해 절멸 수용소를

6개 이상 만듭니다. 그중 가장 악명 높은 곳이 바로 아우슈비츠 수용소입니다.

이곳의 수감자들은 극악의 환경에서 지독한 강제 노동에 시달렸습니다. 그러다 약해지고 병들면 특별 샤워실로 보내졌죠. 분무기에서 물 대신 맹독 가스가 나오는 죽음의 샤워실이었습니다. 아우슈비츠의 샤워실에서만 무려 100만 명이 최후를 맞이했다고 합니다.

1945년 독일이 패망하기까지 아우슈비츠에 갇힌 대부분은 사망했지만 운 좋게 살아남은 한 남자가 있습니다. 남자는 사회에선 저명한 의사였습니다만 아우슈비츠에선 수감자일 뿐이었죠. 모든 재산을 빼앗기고 허름한 옷과 나무로 만든 신발 한 켤레만이 가진 전부였습니다. 나막신을 신어 발은 온통 물집, 상처투성이었지만 남자는 아픈 티를 내지 않았습니다. 혹여 절룩거리는 모습을 보였다간 언제 가스실로 끌려갈지 모르기 때문이었습니다.

하루 한 끼 식사와 물 한 잔만으로 지독한 강제 노동을 버텨야 했습니다. 배가 고파도, 열이 나도, 발바닥의 물집이 터져 피가 나도 남자는 무심히 곡괭이를 들었습니다. 참지 못하고 쓰러진 동료들은 곧 사라졌기 때문입니다. 경비원들은 그들을 치료하러 병원으로 옮겼다고 말했지만 모두 알고 있었습니다. 쓰러진 동료들의 목적지는 숙소 맞은편 가스실이라는 사실을요.

모든 수감자들이 가스실에서 죽은 것은 아니었습니다. 적은 식량, 고된 노동, 더러운 환경 탓에 수많은 사람들이 병에 걸려 죽었습니다. 그중에는 나름 건강했음에도 급작스럽게 죽음을 맞이한 사람들도 있었습니다.

 "의사 선생, 당신께 할 말이 있습니다."

"뭡니까?"

"정말 이상한 꿈을 꾸었어요. 꿈에서 어떤 목소리가 나에게 모든 비밀을 알려 줄 테니 물어보라고 하더군요. 뭘 물었냐고요? 당연히 언제 이지긋지긋한 전쟁이 끝날까 물었죠. 우리가 수용소에서 해방될 날을 물었어요."

남자는 눈을 크게 뜨며 물었다.

"언제 우리가 풀려날 수 있다고 하나요?"

그는 나지막이 귀에 대고 속삭였다.

"3월 30일이래요."

30일은 불과 2주 후였다. 그의 얼굴은 희망과 확신에 차 있었다. 그 얼굴을 본 남자의 가슴도 뜨거워졌다.

시간이 흘러 약속의 날이 가까워졌다. 그러나 자유의 몸이 될 가능성은 없어 보였다. 남자는 실망했다. 하지만 목소리를 들었던 수감자는 실망 정도로 그치지 않았다. 그는 3월 29일부터 심한 열이 났고, 고열에 시달리다 3월 31일 사망했다.

1944년 크리스마스부터 1945년 새해에 이르기까지 일주일간은 아우슈비츠에서 사망률이 가장 폭발적으로 늘어난 시기였다고 합니다. 많은 사람들이 갑작스레 죽은 이유는 꿈꿨던 남자와 같습니다. 수많

은 수감자가 '성탄절이나 새해에는 집에 갈 수 있겠지.'란 막연한 희
망을 품었기 때문이었죠.

하지만 3월 30일, 크리스마스, 1월 1일… 의미 있는 날이 지나도
절망적인 상황은 변하지 않았습니다. 그날이 다가올수록, 그리고 지
나고 나서 사람들은 희망과 의지를 잃었고, 그중 많은 사람들이 사망
에 이른 것입니다.

의사였던 남자도 희망을 품고 있었다. 하지만 그의 희망은 꿈에
서 목소리를 들었던 남자와는 조금 달랐다.

"이 새끼들. 빨리빨리 움직이지 못해?"

힘껏 휘둘렀으나 곡괭이 끝이 깨지는 소리와 함께 불꽃이 일었다. 꽁꽁
얼어붙은 땅 때문이었다.

"제대로 못해!!"

쫙, 쫙.

경비원의 고성과 채찍 소리가 메아리쳤다. 하지만 남자는 듣고 있지 않
았다. 몸은 채찍을 맞고 있었지만 마음의 풍경은 달랐다. 그의 마음속에
서는 한 영상이 반복 재생되고 있었다. 그것은 자신을 돌아보며 웃는 아
내의 얼굴이었다. 그는 그녀와 끊임없는 대화를 나눴다.

"오늘도 정말 힘든 하루요. 수용소의 모든 것이 괴롭지만 가장 힘든 건
물집 터진 발도, 채찍도 아닌 배고픔이구려. 체포되기 전 내가 밥을 못
먹었던 것 기억하오? 언제 수용소로 끌려갈지 몰라 긴장돼 빵이 목으로
넘어가지 않았지. 그런데 지금 보니 식사를 못한 진짜 이유는 긴장 때문

이 아니었소. 그저 배가 덜 고팠던 거야. 하하. 내 앞에 스테이크가 있다면 30분 뒤에 가스실로 보내진다 해도 감사하며 먹을 거요. 지금 내게 스테이크와 바꿀 수 있는 일은 오직 하나지. 바로 당신의 얼굴을 보는 것이요. 당신은 어떻게 지내고 있소? 나는 정말 당신이 보고 싶소."

척박한 수용소에서 하루도 빠지지 않고 아내와 대화해 나갔던 이 남자의 이름은 의미치료의 창시자 빅터 프랭클(Viktor Emil Frankl)*입니다. 프랭클은 정신과 의사이며 동시에 아우슈비츠에서 살아남은 생존자이기도 합니다. 그는 수용소에서 겪은 처절한 경험을 바탕으로 삶의 의미를 강조하는 심리치료 기법인 의미치료(Logotherapy)를 창시했습니다.

프랭클은 수많은 동료들의 죽음을 목격했습니다. 그리고 꿈꿨던 남자와 같이 갑작스레 죽음을 맞는 사람들의 묘한 공통점을 발견합니다. 그들은 삶의 의미가 사라진 사람들이었죠. 그들의 전형적인 말버릇은 이러했습니다.

"나는 더 이상 내 인생에서 기대할 것이 없어요."

어떤 남자는 어느 날 잠자리에서 일어나는 것을 거부했다고 합니

● 빅터 프랭클은 오스트리아 출신의 유대인이며 신경정신과 의사입니다. 그는 수용소에서 '삶의 의미'가 인간의 의지, 태도, 행복, 심지어 목숨에 미치는 영향을 직접 체험합니다. 이런 그의 경험은 후에 새로운 심리치료법인 의미치료(Logotherapy)를 창시하는 밑거름이 됩니다. 의미치료는 삶의 의미를 되찾아 심리적, 정신적 문제를 극복하고자 하는 심리치료 이론이자 기법입니다.

다. 밖으로 일하러 나가지도 않았죠. 대신 똥과 오줌에 절은 막사의 짚더미 위에서 꼼짝 않고 누워만 있었습니다. 경고도 협박도 채찍도 소용없었습니다. 그리고 그는 누구도 모르게 숨겨 놓았던 담배를 꺼내 몽땅 피기 시작합니다. 동료들은 이와 비슷한 장면을 수없이 목격했기 때문에 확신합니다. 그는 앞으로 48시간 안에 죽을 거라고. 삶의 의미를 잃어버리는 순간, 사람은 모든 것을 포기하고 눈앞의 쾌락만 찾았고 오래 지나지 않아 세상을 떠났다고 합니다.

프랭클은 그들과 달랐습니다. 그는 자신이 살아남을 수 있었던 가장 큰 이유를 독일의 철학자 니체(Friedrich Wilhelm Nietzsche)의 말을 인용해 말합니다.

"왜 살아야 하는지 아는 사람은 그 어떤 상황도 견딜 수 있다."

프랭클의 삶의 의미는 바로 '아내'였습니다. 그는 아내가 죽었는지 살았는지조차 몰랐습니다. 알아볼 방법도 없었죠. 하지만 그 사실은 전혀 문제되지 않았다고 합니다. 그 무엇도 프랭클의 머릿속에 있는 사랑하는 사람의 영상을 방해할 수 없었습니다. 프랭클은 아우슈비츠에서 자기와 비슷한 사람들을 여럿 목격합니다. 참혹한 환경에서 나무를 소중히 가꾸는 사람, 다른 사람들을 위로하는 사람, 며칠 뒤 가스실 행이 결정됐는데도 마지막 남은 빵을 동료들에게 나눠 주는 사람까지. 끝까지 삶의 의미를 붙잡고 있는 사람들은 오랜 시간 살아남을 수 있었습니다. 이 경험을 통해 프랭클은 이렇게 말합니다. [5]

"인간에게 모든 것을 빼앗아 갈 수 있어도 단 한 가지,

마지막 남은 자유는 뺏어 갈 수 없다. 그 자유란 나의 길, 나의 태도,

나의 행동을 선택할 수 있는 자유이다."

📋 왜 살아야 하는지 아는 사람은 그 어떤 상황도 견딜 수 있다.
- 프리드리히 니체

삶의 고통을 행복으로 변화시키는 마법

🗨 **미정이 이야기**

"현지아… 우리… 그러지 말자."

미정이가 떠듬거리며 말했다.

"뭐?!"

미정이를 쳐다보는 현지의 눈꼬리가 치켜 올라갔다.

"우리… 그냥 사이… 좋게… 지내자.."

"뭐야? 어떻게 그런 짓을 한 은경이를 그냥 둬?! 넌 화도 안 나?!!"

"…네 말이 맞아…. 근데 걔는 이미 우리한테 떨어져 혼자잖아. 일부러 괴롭히고. 따돌리는 건 조금……."

"지금 너 혼자 착한 척하는 거야?"

미정이는 이마에 송골송골 땀이 맺히는 것이 느껴졌다. 반에서 제일 잘 나가는 현지의 말에 반항하고 있었기 때문이다. 소심한 미정이는 이 순간이 지옥 같았다. 앞으로 어떤 고생이 펼쳐질지 훤했다. 하지만 미정이는 생각했다.

'괜찮아. 지금만 견디자. 지지 말자.'

💬 효원이 이야기

"와!! 이겼다, 나이스, 오늘 나 쩌는데?"

스마트폰을 들고 게임을 하는 효원이의 입에서 환호성이 터졌다. 연승에 기뻐 고함을 질렀지만 효원이의 마음 한편은 무거웠다. 2일 뒤에 기말고사가 시작되기 때문이었다. 분명 게임은 재미있고, 이겨서 신나는데도 마음 한편에는 돌덩이를 얹어 놓은 것 같았다.

미정이는 겁이 납니다. 하지만 자랑스럽습니다.

효원이는 신이 납니다. 하지만 마음이 무겁습니다.

이 둘의 마음속에 정반대의 감정이 싸우는 이유는 무엇일까요? 둘의 마음속에 자리 잡고 있는 각자의 '삶의 의미' 때문입니다. 미정이의 마음속에는 '우정, 연민, 용기, 정의'가, 효원이의 마음속에서는 '책임감, 목표, 주변에게서 인정받고 싶은 소망'이 자리 잡고 있습니다.

그리고 이 둘에게는 아무리 힘든 상황에서도 자신에게 중요한 가치를 선택할 자유 의지가 있습니다. 이 자유 의지는 어떤 환경이어도,

아무리 힘센 사람이라도 뺏을 수 없습니다. 아우슈비츠의 채찍도, 굶주림도, 가스실도 프랭클에게 '아내'를 빼앗지는 못했던 것처럼 말이죠. 지금 이 순간은 괴롭고 힘들지라도 시간이 흐르면 미정이의 선택은 만족감, 뿌듯함으로 변할 것입니다. 효원이의 선택은 씁쓸함으로 남겠죠.

몇 분 혹은 며칠 단위로 행복을 평가한다면 음식, 술, 담배, 마약이 최선일 것입니다. 하지만 이런 행복은 공허합니다. 아우슈비츠에서 자신의 생을 포기한 사람들이 숨겨 놓았던 담배, 음식들을 먹어치우는 데 몰두한 것처럼요. 더 장기적인 안목으로 '행복한 삶이란 무엇일까?'를 고민해 본다면 답은 달라질 것입니다.

내가 하고 싶은 일을 하고 싶다.

내 가족과 친구들이 행복했으면 좋겠다.

나만큼 슬픈 사람, 억울한 사람은 없었으면 좋겠다.

멋진 저녁노을을 보고 싶다.

내가 사랑하는 그 아이를 보고 싶다.

더 잘하고 싶다.

더 넓은 세계를 경험하고 싶다.

더 많은 사람들을 만나 보고 싶다.

길거리에서 쓰레기통을 뒤지는 강아지, 고양이를 보호하고 싶다.

우정, 사랑, 정의, 용기, 신념, 신앙 등 거대한 가치에 내 열정을 바치고 싶다.

사람들은 각자 다양한 것에서 삶의 의미를 찾습니다. 앞의 예시 외에도 세상에는 삶의 의미를 깨닫고, 느끼고, 향유하게 해주는 무언가가 수도 없이 존재합니다. 이 땅 위에 숨 쉬는 사람 수만큼 다양하겠죠. 많이 보고, 듣고 경험하면서 내 마음을 끌어당기는 것은 무엇인지 찾길 바랍니다.

프랭클은 "왜 살아야 하는지 아는 사람은 그 '어떤' 상황도 견딜 수 있다"고 말합니다. 생각해 보면 정말 그렇습니다. 왜 살아야 하는지, 자기 삶의 의미를 분명하게 알고 추구하는 사람들은 견뎌 내고, 버텨 내고, 결국 살아 냅니다. 그리고 만족합니다.

실현되지 않아도 상관없습니다. 내가 소중히 여기는 그것을 위해 노력했다는 사실 자체가 마법을 만들 것입니다. 그 마법이 지금의 답답함, 힘겨움을 웃으며 기억할 수 있는 추억으로 변화시켜 줄 것입니다.

> 그 누구도 아닌 나의 걸음을 걸어라
> 나는 독특하다는 것을 믿어라
> 누구나 몰려 가는 줄에 설 필요 없다
> 나만의 걸음으로 나의 길을 가라
> 바보 같은 사람들이 무어라 비웃든 간에
> -영화 죽은 시인의 사회(1989) 중

참고
자료

 1장 참고자료

1 〈청소년 정직지수와 윤리의식 조사〉흥사단 투명사회운동본부 윤리연구센 터, 2013.

2 《긍정심리학》마틴 셀리그만, 물푸레, 2014

3 http://happyplanetindex.org/ : The Happy Planet Index 홈페이지

4-1 Liu, D. C (1970). *The quality of life in the United States*. Kansas City, Mo.: Midwest Research Institute.

4-2 Schneider, M (1975). The quality of life in large American cities: Objective and subjective social indicators. Social Indicators Research, pp. 495-509.

5 Richard Layard (2005) *Happiness: Lessons from a New Science*, Penguin Press.

6 KBS 스페셜 "행복해지는 법" 2011. 1. 16

7 Cryder, Cynthia E., et al.,(2008). Misery Is Not Miserly: Sad and Self-Focused Individuals Spend More, Psychological Science, vol.19, pp.525-30.

8-1 Lejoyeux, M., Tassain, V., Solomon, J., & Adès, J. (1997). Study of compulsive buying in depressed patients. The Journal of Clinical Psychiatry, 58(4), pp. 169-173.

8-2 진창현(2011), 〈인터넷 구매자들의 인지적 욕구, 자기 개념, 개인적 성격의 차이가 충동구매에 미치는 영향에 관한 연구〉한국광고홍보학보 제13권 제3호, 31-59쪽.

9 《범퍼스티커로 철학하기》 잭 보웬, 민음인, 2012.

10 《행복의 신화》 소냐 류보머스키, 지식노마드, 2013.

11 Marsha L. Richins(2004). The Material Values Scale: Measurement Properties and Development of a Short Form, Journal of Consumer Research, Vol. 31, No. 1, pp. 209-219.

12 Philip Brickman, Dan Coates, Ronnie Janoff-Bulman (1978). Lottery Winners and Accident Victims: Is Happiness Relative?, Journal of Personality and Social Psychology, Vol. 36, No. 8, pp. 917-927.

13 Cameron, P., Titus, D. G., Kostin, J., & Kostin, M. (1973). The life satisfaction of nonnormal persons. Journal of Counseling and Clinical Psychology, 41, pp. 207-214.

14 《행복에 걸려 비틀거리다》 대니얼 길버트, 김영사, 2006.

2장 참고자료 ──────────────────────────●

1 Rodewalt F, Tragakis MW (2003) Self-esteem and self-regulation: toward optimal studies of self-esteem. Psychological Inquiry 14, pp. 66-70.

2 Mruk CJ (2006) Self-esteem research, theory, and practice: toward a positive psychology of self-esteem. 3rd ed. Springer Publish Co, New York, NY.

3   자아존중감 관련 한국학술정보원 연구물 검색 결과 : http://www.riss.
      kr/search/Search.do?detailSearch=false&searchGubun=t
      rue&oldQuery=&query=%EC%9E%90%EC%95%84%EC%A1
      %B4%EC%A4%91%EA%B0%90&x=0&y=0

4   《진정한 사람되기: 칼 로저스 상담의 원리와 실제》 칼 로저스, 학지사,
      2009.

5   Lyubomirsky, S., & Ross, L. (1997). Hedonic consequences of
      social comparison: A contrast of happy and unhappy people.
      Journal of Personality and Social Psychology 73(6), pp. 1141–57.

6   James W (1983). *The principles of psychology*. Cambridge, MA:
      Harvard University Press, (Original work published 1890). 이 서적은
      최경숙(2007)〈자기존중감과 긍정심리학〉 스트레스 연구 15권 3호에서
      205–214쪽 재인용.

7   Linville, P. W. (1985). Self-complexity and affective extremity:
      Don't put all of your eggs in one cognitive basket. Social
      Cognition, Vol. 3, No.1, pp.94–120.

3장 참고자료

1   《사회적 뇌-인류 성공의 비밀》 매튜 D. 리버먼, 시공사, 2015.

2   C. Nathan DeWall, Geoff MacDonald, Gregory D. Webster, Carrie
      L. Masten, Roy F. Baumeister, Caitlin Powell, David Combs,

David R. Schurtz, Tyler F. Stillman, Dianne M. Tice, Naomi I. Eisenberger (2010). Acetaminophen reduces social pain: behavioral and neural evidence. Psychological Science 21(7), pp. 931–7.

3-1 구본용, 유제민 (2005). 〈성격 및 환경요인과 행복과의 관계〉 상담학연구 Vol.6 No.1, 1–9쪽.

3-2 박은미, 장민희, 정태연 (2011). 〈내외향성 간 행복정서강도의 차이〉 한국심리학회 연차 학술발표 논문집. 제1호, 182–184쪽

4 《긍정심리학》 마틴 셀리그만, 물푸레, 2014.

5 Richard L. Moreland, Robert B. Zajonc (1982). Exposure effects in person perception: Familiarity, similarity, and attraction, journal of Experimental Social Psychology 18, pp. 395–415

6 Richard L Moreland, Scott R Beach (1992). Exposure effects in the classroom: The development of affinity among students, Journal of Experimental Social Psychology, Vol. 28, Issue 3, pp. 255–276

7 Curtis, R. C., & Miller, K. (1986). Believing another likes or dislikes you: Behaviors making the beliefs come true. Journal of Personality and Social Psychology, 51(2), pp. 284–290.

8 Mandy Len Catron, To Fall in Love With Anyone, Do This. New York Times, 2015. 1. 9. page ST6

9 Aron, A., Melinat, E., Aron, E. N., Vallone, R. D., & Bator, R. J. (1997). The experimental generation of interpersonal closeness: A

procedure and some preliminary findings. Personality and Social Psychology Bulletin, 23(4), pp. 363-377.

10   Tanya L. Chartrand, John A. Bargh. (1999). The chameleon effect: the perception-behavior link and social interaction. Journal of Personality and Social Psychology. 76(6), pp. 893-910.

11   Amodio, D. M., & Showers, C. J. (2005). 'Similarity breeds liking' revisited: The moderating role of commitment. Journal of Social and Personal Relationships, 22(6), pp. 817-836.

12   Hinsz, V. B. (1989). Facial resemblance in engaged and married couples. Journal of Social and Personal Relationships, 6(2), pp. 223-229.

13   김진호(2015), 〈94% 적중률, 이혼도 예측한다〉, 주간동아 989호, 46~47쪽 참조.

14   Gottman, J. M., Murray, J. D., Swanson, C. C., Tyson, R., & Swanson, K. R. (2002). The mathematics of marriage: Dynamic nonlinear models. Cambridge, MA, US: MIT Press.

4장 참고자료 ───●

1   Timothy Ferriss(2007), The 4-Hour Workweek: Escape 9-5, Live Anywhere, and Join the New Rich, Crown Business.

2   Diener, Ed., Sandvik, E., & Pavot, W. (2009). Happiness is the

frequency, not the intensity, of positive versus negative affect. In Assessing well-being. Springer Netherlands, pp. 213–231

3 《플로리시》, 마틴 셀리그만, 물푸레, 2011.

4 Seligman, M. E. P., Steen, T. A., Park, N., & Peterson C. (2005). Positive psychology in progress. Empirical validation of interventions. American Psychologist, 60, pp. 410–421.

5 Leif D. Nelson, Tom Meyvis and Jeff Galak(2009), Enhancing the Television-Viewing Experience through Commercial Interruptions, Journal of Consumer Research, Vol. 36, No. 2, pp. 160–172

6 Linville, Patricia W.,Fischer, Gregory W.(1991) Preferences for separating or combining events. Journal of Personality and Social Psychology, Vol 60(1), pp. 5–23

7 Breiter, H. C., Etcoff, N. L., Whalen, P.J., Kennedy, W.A., Rauch, S.L., Buckner, R.L., et al. (1996). Response and habituation of the human amygdala during visual processing of facial expression. Neuron, 17(5), pp. 875–887

8 Wright, C. I., Fischer, H., Whalen, P. J., McInerney, S. C., Shin, L.M., Rauch, S. L. (2001). Differential prefrontal cortex and amygdala habituation to repeatedly presented emotional stimuli. Neuroreport: For Rapid Communication of Neuroscience Research, 12(2), pp. 379–383

9 Ratner, R.K., Kahn, B.E., & Kahneman, D. (1999). "Choosing Less-

Preferred Experiences for the Sake of Variety." Journal of Consumer Research, 26, pp. 1–15

10 박용천(2011) 〈우울증의 비약물학적 치료〉 대한의사협회지 54(4): 376–380쪽.

11 신은희(2018) 〈청소년의 수면시간과 우울 및 자살생각과의 관계〉 대한불안의학회지 Vol.14 No.1, 21–27쪽.

12 김신형, 박철수, 김봉조, 이철순, 차보석, 이동윤, 서지영, 최재원, 안인영, 이소진(2017). The Association between Suicidal Ideation, Anxiety, and Sleep Quality Among College Students in a City, 대한수면의학회지 Vol.24, No.1, 55–61쪽.

 5장 참고자료 ──────────────────────────

1 《몰입 flow》 미하이 칙센트미하이, 한울림, 2004.

2 《몰입의 즐거움》 미하이 칙센트미하이, 해냄출판사, 2007.

 6장 참고자료 ──────────────────────────

1 《생각에 관한 생각》 대니얼 카너먼, 김영사, 2018.

2 https://www.ted.com/talks/daniel_kahneman_the_riddle_of_experience_vs_memory

3-1 Zika S, Chamberlain K.(1992). On the relation between meaning in life and psychological well-being. British journal of psychology. Vol. 83 pp.133-145.

3-2 신주연(2005) 〈삶의 의미와 정서조절 양식이 청소년의 심리적 안녕에 미치는 영향〉한국심리학회지 : 상담 및 심리치료, 17권, 4호 1035-1057쪽.

3-3 박선영, 권석만 (2014). 〈삶의 의미와 주관적 안녕 및 우울의 관계 : 대학생 집단과 중년 집단의 비교〉한국심리학회지 : 임상, 33권 3호 549-569 쪽.

4 《죽음의 수용소에서》빅터 프랭클, 청아출판사, 2005.

5 《삶의 의미를 찾아서》빅터 프랭클, 청아출판사, 2017.

십 대를 위한
행복 찾기 심리 실험실

초판 1쇄 발행 2019년 5월 25일
초판 3쇄 발행 2023년 6월 2일

지은이 양곤성
펴낸이 이지은 **펴낸곳** 팜파스
기획편집 박선희 **마케팅** 김민경, 김서희
디자인 조성미
인쇄 (주)케이피알커뮤니케이션

출판등록 2002년 12월 30일 제10-2536호
주소 서울특별시 마포구 어울마당로5길 18 팜파스빌딩 2층
대표전화 02-335-3681 **팩스** 02-335-3743
홈페이지 www.pampasbook.com | blog.naver.com/pampasbook
이메일 pampasbook@naver.com

값 14,800원
ISBN 979-11-7026-245-9 (43180)

ⓒ 2019, 양곤성

이 도서의 국립중앙도서관 출판시도서목록(CIP)은 서지정보유통지원시스템 홈페이지
(http://seoji.nl.go.kr)와 국가자료공동목록시스템(http://www.nl.go.kr/kolisnet)에
서 이용하실 수 있습니다.(CIP제어번호: CIP2019017123)